体育旅游产业发展与体系构建研究

李凤雷　王莉莉　著

中国原子能出版社

图书在版编目（CIP）数据

体育旅游产业发展与体系构建研究 / 李风雷，王莉

莉著. -- 北京 ：中国原子能出版社，2024. 11.

ISBN 978-7-5221-3745-2

Ⅰ. F592.3

中国国家版本馆 CIP 数据核字第 2024T0E113 号

体育旅游产业发展与体系构建研究

出版发行	中国原子能出版社（北京市海淀区阜成路 43 号　100048）	
责任编辑	杨　青	
责任印制	赵　明	
印　　刷	北京金港印刷有限公司	
经　　销	全国新华书店	
开　　本	787 mm×1092 mm　1/16	
印　　张	13.25	
字　　数	197 千字	
版　　次	2024 年 11 月第 1 版　2024 年 11 月第 1 次印刷	
书　　号	ISBN 978-7-5221-3745-2　　　定　价　**72.00** 元	

发行电话：**010-88828678**　　　　　　版权所有　侵权必究

前　言

　　目前，旅游已成为一种健康、时尚的休闲方式，旅游业已经成为国民经济中重要的经济增长点。体育旅游是旅游业的重要组成部分，是满足人们对旅游产品的要求、调整和完善产品结构的必然产物。作为体育与旅游交叉融合而形成的、具有体育和旅游双重特性的新兴产业，体育旅游的发展对于丰富旅游产业、拉动体育需求、提高国民经济增长等都具有非常重要的推动作用。

　　我国不仅具有得天独厚的天然旅游资源，还有丰富的、独具特色的民族体育文化资源。进入 21 世纪，随着我国经济的稳步发展，旅游业的发展速度不断加快，旅游业的格局和结构也发生了明显的变化，其中一个变化就是以休闲、放松、健体、娱乐为主的现代旅游正逐步代替以参观为主的传统观光旅游。体育旅游就是一种发展迅速、前景广阔的现代旅游方式。当前，体育旅游如何科学地发展，从而在社会上发挥应有的作用，是社会大众目前关注的焦点。顺应当前社会生活条件下人们旅游需求的变化，认识体育旅游的价值，对合理规划、培育体育旅游市场，推动社会进步与经济发展具有积极作用。

　　在内容上，本书第一章为体育旅游概述，主要内容包括体育旅游释义、体育与旅游结合的机理、体育旅游的特点与类型、体育旅游的影响和我国体育旅游发展现状；第二章是体育旅游资源要素，包含体育旅游资源要素概述、我国体育旅游资源要素的分布、体育旅游资源要素的开发与整合三个方面；第三章为我国体育旅游产业发展的影响因素，包含我国体育旅游产业发展的影响因素分析、影响我国体育旅游产业发展的社会政策环境和影响我国体育旅游业发展的参与人群三个方面；第四章为体育旅游产业的高质量发展研究，包含体育旅游产业高质量发展的产业集群研究和体育旅游产业高质量发展的产业竞争力研究两个方面；第五章是对体育旅游市场经营与管理体系的构建进行了详细介绍，包含体育旅游市场概述、体育旅游产品的开发、体育旅游市场营销策划和体育旅游市场的经营与管理四个方面；第六章为体育旅游产业发展体系的构建，包含西部地区体育旅游产业的发展与管理、东南沿海地区体育旅游产业的发展与管理、环渤海地区体育旅游产业的发展与管理三个方面；第七章介绍了多元化体育旅游模式研究，包含民俗体育旅游的发展与策略、体育赛事旅游的发展与策略、休闲体育旅游的发展、体育康养旅游的发展与策略和红色体育旅游的发展与策略四个方面。

在撰写本书的过程中，笔者参考了大量的学术文献，得到了诸多专家、学者的帮助，在此表示感谢。本书内容全面，条理清晰，但由于笔者水平有限，书中难免有疏漏之处，希望广大同行及时指正。

目　录

第一章　体育旅游概述

体育旅游是体育产业与旅游产业深度融合的新兴产业形态。在新时代，体育旅游产业呈现出创新性、动态性、群体性等发展特征，是旅游产业转型升级的重要引擎和促进经济内循环的有效着力点。本章为体育旅游概述，主要内容包括体育旅游释义、体育与旅游结合的机理、体育旅游的特点与类型、体育旅游的影响和我国体育旅游发展现状。

第一节　体育旅游释义

一、体育与旅游的相关概念

（一）体育相关概念

1. 体育的概念

体育包括身体教育（即狭义的体育）、竞技运动、身体锻炼等。体育最早是从教育的角度提出来的，英文为 Physical Education，德国近代学校体育的先驱顾茨穆斯于 1793 年出版的《青年的体操》一书中也使用"体育"和"属于教育的身体练习"这样的术语。我国通常把体育（Physical Education）定义为狭义的学校体育，"是指通过身体活动，增强体质，传授锻炼身体的知识、技能、技术，培养道德和意志品质的有目的有计划的教育过程。它是教育的组成部分，是培养全面发展的人的一个重要方面"。综合国内外对体育（Physical Education）的研究成果，我们可以把它解释为教育的一部分，以身体练习活动为手段，同时传授锻炼身体基本知识和基本技能，使青少年身心得到健康协调发展。

2. 体育产业的概念

体育产业是指为社会提供体育产品的同一类经济活动的集合及同类经济部门的综合。体育产品既包括有形的体育用品，也包括无形的体育服务。体育经济部门不仅包括市场企业，也包括各种从事经营性活动的其他各种机构，如事业单位、社会团体乃至个人。

广义的体育产业指"与体育运动相关的一切生产经营活动，包括体育物质产品和体育服务产品的生产、经营两大部分"。狭义的体育产业是指"体育服务业"或者是"体育事业中既可以进入市场，又可以盈利的部分"。北京体育大学教授鲍明晓认为："体育产业就是生产和经营体育商品的企业集合体。"①

（二）旅游相关概念

1. 旅游的概念

旅游作为一种社会实践活动萌芽于古代农业经济社会，产生于近代工业经济社会，迅速发展于现代知识经济社会，但是对旅游进行深入研究却是现代才开始的事情。

长期以来，学者和国际组织对旅游下过的定义，林林总总不下几十种。但是几乎没有能够为从各角度研究旅游的学者所广泛接受的标准性定义。究其原因，在于观察问题和研究问题的出发点不同。

---

① 昝胜锋，朱文雁. 体育赛事双边市场构建与竞争研究［M］. 福州：福建人民出版社，2014.

旅游的定义可以分为两类，一是理论性定义，二是技术性定义。所谓的理论性定义是指用逻辑思维的方法（演绎与归纳）给旅游定义，旨在探究旅游活动最本质的特征，发生、发展的原因、趋势和规律，侧重于对旅游活动的定义；技术性定义是用技术的方法（调查统计）给旅游定义，是为了方便产业调查、统计的需要，侧重于对旅游者的定义。旅游中的技术性定义有三个关键问题：旅游的目的；旅游中涉及的时间，包括离开常住地及在旅游目的地停留的最短时间和最长时间；游客可能会或不会被认为是旅游者的情形。

　　有些关于旅游的定义旨在提供一个理论框架，用以确定旅游的基本特点，以便将旅游活动与其他社会活动区别开来，这些侧重于对旅游活动本身的定义可以称为概念性定义；另外一些关于旅游的定义主要考虑旅游统计、收集数据的需要，以便为旅游政策制定和旅游管理提供决策信息，侧重于对旅游者的定义及划分方法，这类定义可以称为技术性定义。

　　旅游一词最早出现在 1811 年出版的《牛津词典》中，被解释为离家远行，又回到家中，在此期间参观游览一个或几个地方。这种定义只是对旅游表面现象的描述[1]。

　　1927 年，德国以蒙根罗德（Mengenrod）为代表出版的《国家科学词典》（National Science Dictionary）中将旅游定义为：狭义的理解是那些离开自己的住地，为了满足生活或文化的需求，或个人各种各样的愿望，而作为经济和文化商品的消费者逗留在异地的人的交往[2]。

　　1942 年，瑞士学者汉泽克尔（Hunziker）和克拉普夫（Krapf）在其公开出版的《普通旅游学纲要》中将旅游定义为："旅游是非定居者的旅行和暂时居留而引起的现象与关系的总和。这些人不会永久定居，且不从事任何赚钱的活动。"20 世纪 70 年代这一定义被旅游科学专家国际联合会（International Association of Scientific Experts in Tourism，AIEST）采用，这

---

　　① 刘荣. 旅游学概论［M］. 北京：北京交通大学出版社，2007.
　　② 同①。

就是著名的"艾斯特"定义的由来[①]。

1992年，联合国世界旅游组织（World Travel Organization，WTO）给出了关于旅游活动的权威定义：旅游活动是人们为了休闲、商务或其他目的，短期（历时不超过一年）离开自己的惯常环境，前往他乡的旅行及在该地的逗留活动。该定义随后被联合国统计委员会批准。

2015年，丁勇义、李玥瑾等著的《旅游学概论》中将旅游活动定义为："旅游是指人们以寻求审美和愉悦为主要目的而离开自己的惯常居住地，前往异地的暂时逗留，以及由此引起的现象和关系的总和。这些目的包括观光、休闲、娱乐、度假、保健、工业、农业、宗教、体育及公务等，但不包括就业。"[②]

纵观上述不同时期、不同个人和国际组织对旅游活动的界定和表述，不难发现它们彼此之间存在着一些共同特点：所有的定义都显示旅游活动具有暂时性，是人们在不同地方或目的地的短期的逗留活动。另外一个特点就是旅游具有异地性，旅行和逗留发生在旅游者生活和工作惯常环境之外的地方，因此，旅游活动的表现和所带来的结果与旅游者在惯常环境的生活和工作截然不同。旅游者的旅游活动表现出自由、休闲、新奇的特点，旅游者更在乎旅游过程中的经历和体验。旅游的异地性使旅游区别于一般的日常休闲，而旅游的暂时性则使旅游与某些毕生性及职业性的幸福追求有所区别。

本书关于旅游的定义是：旅游是指自然人为休闲、娱乐、游览、度假、探亲访友、就医疗养、购物、参加会议或从事经济、文化、体育、宗教活动，离开常住地到其他地方，连续停留时间不超过 12 个月，并且主要目的不是通过所从事的活动获取报酬的行为。

该定义从空间、时间、目的等方面界定了旅游活动这种社会现象的基本特征，不仅明确指出了旅游的异地性、暂时性两个最基本的特征，而且综合考虑了旅游的概念性定义和技术性定义。

---

① 李天元. 旅游学概论 [M]. 7版. 天津：南开大学出版社，2014.

② 丁勇义，李玥瑾. 旅游学概论 [M]. 北京：清华大学出版社，2015.

2. 旅游产业的概念

旅游产业就是以旅游者为对象，为其旅游活动创造便利条件并提供其所需商品和服务的综合性产业。旅游产业作为一项产业，不像其他产业那样界限分明，但它也是一种客观实际的存在，其产品和产出的构成涉及多种有关产业。尽管这些产业或行业的主要业务或产品有所不同，但是在旅游方面，都有一个共同之处——便利旅游活动，通过提供各自的产品和服务满足同一旅游者的需要，将其不同产品在总体旅游产品或旅游商品的前提下统一起来。

旅游产业涉及的范围广泛，它不像农业或工业那样是界限分明的独立行业。旅游产业的发展要依赖于诸多条件，例如，旅游资源的开发和利用是其发展的必要条件；旅行社、旅游交通和旅游饭店是旅游产业的重要构成；计划、财政、工业、农业、商业、电信、文教、卫生环境、公安等部门的配合均为旅游产业的发展提供了客观环境。

旅游产业是综合性产业，旅游相关产业均围绕旅游者提供各项服务。对于旅游产业的这两个特征，大多数学者存在共识。旅游产业产生于旅游活动之后，它是人类社会经济发展到一定阶段而出现的一种行业，是为适应旅游活动发展的需要，从满足旅游需求出发而形成的一种为旅游者提供各种服务的特殊行业，它是沟通旅游者与旅游资源的桥梁和纽带。

因此，概括地说，旅游产业是以旅游资源为凭借，以旅游设施为条件，为旅游者提供服务的综合性产业。同其他传统产业的定义相比，旅游产业的定义有两个明显的不同之处：这一定义是需求取向的定义，而非供给取向的定义；旅游产业作为一项产业，其界定标准是其服务对象，而不是业务或产品。

二、体育旅游的相关概述

（一）体育旅游的概念

目前，我国人民生活需求已经发展到了"注重身心健康保养"和"追求精神文化及生活丰富多彩"的层次。虽然我国体育旅游产业起步较晚,但随着居民收入增加、生活质量提高,其发展速度极为迅猛。据《2021—2026年中国体育旅游行业发展前景预测与投资战略规划分析报告》数据显示,我国体育旅游产业正以 30%~40% 的速度发展,远高于世界 15% 的平均增速。明确的政策导向是产业发展的基础,国家旅游局(今文化和旅游部)与体育总局在 2016 年联合出台的《关于大力发展体育旅游的指导意见》对体育旅游未来发展目标作了明确指示,对基础设施、配套服务设施、发展环境的完善尤为重视。文件中具体要求呈现数字化特点,体现出国家在体育旅游产业发展的实践中要求更加具体和细化。

体育旅游作为一股不可忽视的社会经济驱动力,有着巨大的潜在价值,但当前领域内对其核心概念尚缺乏统一且明确的界定,这在一定程度上阻碍了人们对其全面而深入的理解与探索。学术界尚未就"体育旅游"这一术语形成广泛认可的精确定义,这也就导致实践中存在对其概念理解上的模糊与偏差。从本质上讲,体育旅游是体育与旅游两大领域深度融合的产物,它以旅游活动为载体,巧妙融合了体育运动的元素,形成了一种独特的旅游体验模式。在体育旅游中,消费者能够亲临体育赛事现场或亲身参与体育活动,获得一种集观赏性、参与性、体验性于一体的新型旅游体验。近年来,多项针对体育旅游市场的调研与分析指出:体育旅游的市场需求就在于,以体育为前提的,为消费者提供直接参与或近距离观赏体育赛事的机会,满足他们对体育文化的深度体验与追求。

在 20 世纪 60 年代中期,国际休闲体育中心会议发表了一项具有里程碑意义的文献《体育与旅游》,这标志着该领域探索的启航,同时也成为最早系统性探讨体育与旅游关联性的学术成果。随后的 60 年代末期至 70 年代,随着社会经济的发展,部分发达国家居民开始将体育活动融入其休闲度假与旅行计划中,体育逐渐成为一种新兴的旅行驱动力。在此背景下,威康姆斯(Wycombs)等学者率先洞察到奥运会等大型体育赛事与旅游活动的内在联系,进入 20 世纪 80 年代,体育旅游研究领域经历了显著的扩张与分化,其子主题呈现出多元化与多样化的趋势,市场细分成为这一时期体育旅游研究的重要特征,但关于体育旅游这一概念的明确界定与阐释,仍未在学术界达成共识。

在学术领域内,体育旅游这一概念通过界定体育旅游者而得以确立。学者德·克诺普(De Knoop)将体育旅游者界定为在休闲假日期间积极参与各类体育运动活动的个体。基于这一视角,韦德(Wade)及其支持者进一步阐述,将体育旅游聚焦于在假期时段参与体育赛事活动,其研究重心倾向于赛事项目本身。然而,美国学术界的多数声音则主张,体育旅游的定义不应被赛事项目所局限。唐纳德(Donald)从体育与旅游的双重视角出发,深入剖析,提出体育旅游作为体育产业与旅游产业交叉融合的子领域,扮演着连接两大产业的桥梁角色,从而极大地拓宽了体育旅游概念的内涵与外延。

从1990年起,中国的体育科学家正式将注意力转向体育旅游。2000年,朱竞梅教授给出了自己的见解:"体育旅游既囊括狭义上的旅游活动,其主要目的是参加各种体育比赛;又包含广义的概念,是以体育运动为核心目标的旅游,是一个新兴研究领域。"[①]2007年,中国教育科学研究院体卫艺教育研究所副所长于素梅认为:"体育旅游是有动机目的、有环境要求,还必须具备健身休闲双重性的旅游活动;或者可理解为出于体育和旅游的目的,离开当下住所,去参加或观看体育活动。"[②]郑家鲲教授明确将体育旅游分为两部分,一部分是"体育中的旅游",旨在说明旅游活动发挥了体育休闲和休憩的功能;另一部分是"旅游中的体育",把体育项目当成旅游发展所需要的手段进行归纳。

国内外的大量研究表明,体育旅游的概念已从"外在表象"转变为"内在含义"。体育旅游的概念印证了跨学科的发展,以及系统的知识结构和多样化的研究视角的不断推陈出新。国内外体育旅游的研究历史不长,尽管对体育旅游的狭义概念和广义定义并不完全相同,但是随着对"什么是体育旅

① 朱竞梅. 开发体育旅游项目问题初探 [J]. 体育与科学,2000(2):25-27.

② 于素梅. 影响我国不同群体参与体育旅游的因素 [J]. 上海体育学院学报,2007(3):24-28.

游""体育旅游的基本内容"等问题的深入研究，学术界基本上达成了共识：体育旅游与旅游营地的自然和人文环境有关，且与体育活动间的关系是无法分割的。

体育旅游作为旅游与体育产业深度融合的产物，其核心在于构建一种融合性的体验模式。体育旅游业布局的关键举措之一是在城市的旅游核心区域兴建适宜体育旅游者参与的大型体育场馆。体育旅游学的形成，不仅是体育学与旅游学交叉融合学术成果的体现，也标志着体育理论在旅游实践领域的深化应用与拓展。

在旅游领域的语境下，体育活动不仅发挥着情绪调节的作用，还能够促进参与者的身体健康，蕴含着丰富的娱乐价值。从旅游学视角深入剖析旅游活动中融入的体育元素，我们需超越将体育视为单纯媒介的局限，转而致力于最大化其体育功能的发挥。通过有效激发并引导旅游者的兴趣与行为这种途径，促使他们主动融入并享受这一过程，并促进经济效益的提升，实现旅游与体育双赢的可持续发展局面。

在体育领域，旅游不仅是一种社会交往活动，也是一种休闲娱乐活动，它代表了较高的消费水平，并包含了众多的休闲体育活动。因此，旅游学应当借鉴体育学的理论与规律，充分发挥体育在旅游活动中的功能，并将体育活动视为发展旅游事业的关键组成部分。在有计划和目标的指导下，宣传和开展活动，并从促进身心健康的角度出发，持续增强旅游者的参与感。

综上所述，体育旅游学科作为一门跨界融合的综合性学科，深刻地体现了旅游学与体育学的有机融合，展现出鲜明的交叉学科与应用导向特性。业界与学术界应基于复合产业视角，重新评估体育旅游的本质与潜力，并动态地界定其范畴，以适应不断演进的产业趋势。本质上，体育旅游应被视为一种专业化的旅游形态，其核心驱动力源于个体对体育项目的直接参与或观赏兴趣，进而催生出一种以体育为核心的新型旅游体验。当前，随着体育产业的蓬勃兴起与多元化发展，体育旅游的概念亦得以从体育的维度进一步阐释，它不仅涵盖了休闲体育与假日体育活动，更成为公众追求健康生活方式、实现体育参与的重要途径与表现形式。

（二）关于体育旅游的理论研究

体育旅游业在我国作为一项新兴且充满活力的产业，正逐步展现出其作为创新型旅游产品的独特魅力。当前，国内旅游市场尚缺乏对该领域旅行项目的系统性规划与整合，伴随着中国经济的持续高速增长，消费市场的多元化需求日益凸显，旅游产品正不断向集休闲、运动与娱乐功能于一体的多元化方向演进。在此背景下，旅游者的消费偏好从传统的以观赏为主的旅行模式，逐步转向更加注重参与体验与体育活动深度融合的新型旅游方式。

体育旅游活动的起源可上溯至数个世纪之前，但其在学术研究与实践应用层面的快速发展，则主要集中在 20 世纪后半叶。

1. 国外关于体育旅游的研究

体育旅游业，作为旅游业中最为蓬勃发展的领域之一，其规模持续扩张且增长势头强劲，日益受到社会、环境及经济发展等多重因素的深刻影响。大型体育赛事作为旅游目的地营销策略的关键要素，对举办地及所在区域的经济繁荣与旅游流动性具有推动作用。

长期以来，学术界围绕体育旅游的定义与范畴展开了广泛探讨，目前接受度最高的一种定义是：基于非商业或工作目的，个体离开常住地参与或观赏体育活动的行为，涵盖主动与被动参与两种形式。这一领域被视为促进城市及区域经济发展的重要杠杆，与传统旅游模式并驾齐驱，共同推动地方经济的多元化增长。

相关研究深入剖析了社区居民对体育旅游活动的经济感知，以澳大利亚弗里曼特尔居民对美国杯赛事的反应为例，苏塔（Soutar）和梅洛迪（MeLeod）的研究揭示了居民赛前预期与赛后实际体验在经济与社会影响感知上的显著差异。也有部分学者质疑，认为体育旅游对地方经济的实际贡献可能未及预期，同时伴随的社会成本如交通拥堵、环境压力等不容忽视。

另外，还有一些研究，拓展至体育旅游的社会与环境影响层面。普罗马

9

伦（Pleumarom）和斯托达特（Stoddart）聚焦高尔夫球场作为旅游资源的双重效应，而哈德逊（Hudson）则具体分析了滑雪与徒步活动对瑞士韦尔比耶（Verbier）滑雪场社区环境的深刻影响。

尽管现有研究成果丰富且全面，但多数研究在评估旅游影响时倾向于笼统划分为正面与负面两大范畴。

2. 国内关于体育旅游的研究

在国内体育旅游研究领域中，当前的研究热点聚焦于三大核心维度：第一，对体育旅游开发与规划的研究。这一领域的研究覆盖了我国超过 20 个省、自治区及直辖市，深入探讨了各区域独特的体育旅游资源开发与科学规划路径。第二，对体育旅游者特征、需求、行为的研究。这一研究虽在数量上相对有限，却采用了严谨的数理统计方法作为分析基石。该方向的研究不仅解析了不同社会群体在体育旅游需求上的差异性，还细致描绘了他们的行为偏好图谱。例如，吉林体育学院张瑞林教授及其团队，通过创新的定量研究方法，巧妙融合体验经济理论框架，并借助 NetDraw 软件生成直观的结构化图像，对冰雪体育旅游领域进行了详尽剖析。第三，对体育旅游理论与方法的研究。学术界正积极尝试将其他成熟学科的理论体系与研究工具引入体育旅游领域，以期为该领域的理论深化与实践指导提供有力支撑。然而，该领域的研究尚未形成体系，且总体研究时程较短。

第二节　体育与旅游结合的机理

体育与旅游，作为两大独立而又紧密交织的社会文化现象与人类活动领域，展现出了许多共通性与相似性。从专业角度来看，旅游活动本质上是一种集休闲、娱乐与消费于一体的综合性体验，它能全面满足个体在身体放松、精神愉悦及文化探索等多维度的需求。体育运动作为人类文化的重要组成部分，其发展历程同样也深刻地反映了人类追求身心和谐、享受运动乐趣的生活目标，体育运动的兴盛还根植于人们对自身生活体验不断提高要求的社会风气。值得注意的是，随着体育产业的蓬勃发展，体育消费已逐渐演化为一种社会风尚，这彰显了体育在现代社会中的多元价值。

体育与旅游在社会经济文化土壤上共生共荣，两者不仅拥有相似的社会驱动力与发展背景，更在促进人类全面发展、丰富精神生活、提升生活质量等方面发挥着相似且互补的作用。尤为显著的是，在社会经济达到一定发展水平后，体育与旅游活动均成为满足人们高层次心理与生理需求的有效途径。

一、体育与旅游结合的社会文化背景

在探讨体育与旅游两大领域时，首先，我们需深刻认识到，它们均是人类社会进步至特定阶段的产物，旨在满足民众日益增长的社会文化需求，二者的发展历程都根植于共同的社会经济土壤之中。随着社会生产力的飞跃、经济的繁荣、个人收入与消费能力的显著提升，以及人们闲暇时间的增多，人们对身心愉悦的追求达到了前所未有的高度，于是就倾向于通过高品质、健康文明的文化娱乐形式来满足这一需求。体育与旅游，作为两大核心选项，恰好契合了这一社会趋势。

其次，体育与旅游活动本质上属于社会消费范畴，是民众追求精神文化富足的重要途径。作为社会经济活动的组成部分，它们不仅有着经济发展的坚实基础，还能够在活动过程中促使参与者建立和社会的经济联系，通过货币交换来满足自身需求。同时，作为文化消费的重要分支，体育市场与旅游业均对经济增长具有显著的拉动效应，他们是现代社会经济体系中不可或缺的支柱。

再次，我们将体育与旅游视为文化活动，是因为它们具有深厚的文化内涵。在活动中，参与者不仅能够强健体魄、拓宽视野，还能沉浸于自然之美，感悟人与自然的和谐共生；既能领略人类文明的璀璨遗产，又能汲取现代生活的智慧；还能在体验异域风情的同时，促进国际、民族间的交流与友谊。

因此，对于个体而言，参与体育或旅游活动的主要目的往往超越经济收益，而是将其视为一种文化或精神生活的实践方式，经济收入更多扮演了支撑这一实践活动的角色。

最后，体育与旅游商品所承载的对象，无不蕴含着独特的历史印记、民族特色与文化氛围。这些特质为参与者提供了精神滋养，使参与者通过亲身体验与感悟，愉悦身心，增长见识，拓宽视野。综上所述，体育与旅游不仅是物质生活的补充，更是精神文化生活的重要组成部分，深刻影响着现代人的生活方式与价值追求。在探究旅游探险与体育竞技的广阔领域时，我们能够拓展跨文化交流的深度与广度，促进文化的传播与融合，而且，鉴于公众对这些活动形式及内涵的深切关怀，它们还能成为捍卫文化遗产与优秀民族习俗的重要力量。民族文化，尤其是民族体育，作为独特的资源形态，其价值日益凸显。为有效开发并合理利用这一宝贵资源，国家、地区、社会乃至当地社群均需秉持谨慎的态度，加强对有益民族传统与本土文化的深入挖掘与精心保护，力求在保护中发展，实现文化的可持续性开发。这一过程，不仅是对过往智慧的传承，更是对未来文化多样性的投资与守护。

二、体育和旅游产品的共性特征

旅游产业和体育产业都属于第三产业，本质上，二者的服务目标都是在于满足人们的文化消费和精神需求并提供服务产品。此外，这两者也都属于社会休闲产业。因此，两者都特别强调其服务性质，即消费者通过支付费用获得的是能够愉悦身心的劳务。体育产业和旅游业的产品共性特点主要包括如下四个方面。

（一）产品的非实物性

在体育与旅游领域，产品构成显著区别于传统商品，其核心在于这二者提供的是无形的服务或是劳务，而并非单一的实物交换。这一本质特性决定了体育和旅游产品主要作为传递体育体验与旅游服务的媒介存在，而非直接用于实物交易的对象。这些产品的核心价值体现在其所能转化并赋予消费者的非物质利益上，具体而言，是参与者在体育活动中获得的身心体验、情感满足及旅行带来的深刻印象，这些均是难以量化的无形资产。也就是说，体育和旅游产品的非实物性深刻影响了其价值与使用价值的体现方式。它们不依赖于具体物理形态的凝聚来展现价值，而是深植于一系列精心设计的服务流程与体验之中。

（二）产品的不可贮存性

体育或旅游的直接劳务性，也就是产品的不可贮存性。在探讨体育与旅游产业的本质特性时，我们可以发现一个显著的特征，就是二者的产品都是由直接的劳务提供的。旅游业的核心在于从业者直接向游客供给个性化服务，旨在全面满足旅游者的多样化需求与体验。同样，体育市场也高度依赖向消费者直接供应体育劳务商品，旨在实现参与者对体育活动的享受与参与感。从这一点上看，体育与旅游所提供的商品本质上属于服务类无形产品。这一特性从根本上决定了其不可贮存性。与有形商品不同，服务类商品无法在生产后等待未来某个时间点进行销售，也无法根据市场淡旺季进行生产调节和库存积累。一旦服务被提供，其价值便即时实现，且不具备退货或重新分配的可能性，因为服务本身难以物化，其价值的传递与实现必须依托于即时的生产与消费过程，没有办法凭借载体进行转移，所以就只能在生产的同时进行消费，实现产品价值。

（三）产品的不可转移性

体育与旅游产品的不可转移性，根源在于其依托的旅游资源与设施的空间固定性，这些物理条件的不可移动性直接决定了产品整体的非移动特性。此外，此类服务的消费体验呈现出高度的个人独享性，要求消费者必须亲临其境，直接参与并独自体验活动带来的感受。这一特性排除了他人代为消费或分享体验的可能性，即个体无法为另一人购买并转让体验。进一步而言，体育与旅游产品的所有权并不随交易转移至消费者手中，消费者仅获得有限期内的使用权；具体而言，消费者支付费用后，仅能在特定时间内使用相关资源和服务，而不获得对资源或设施本身的所有权。

（四）产品生产与消费的同时性

在体育服务与旅游服务领域内，劳务产品的独特性质还体现在其生产与消费的即时共地性上，也就是在同一时间内同一个地点内完成，这一特性确保了服务过程不可逆转且难以复制。即便尝试重现，消费者的体验亦无法完全复刻，这一点凸显了服务产品的即时价值与唯一性。体育及旅游服务的无形特质与不可贮存性，从根本上决定了其生产活动必须紧密伴随消费行为的即时发生。换言之，唯有当消费者产生明确需求并实际参与时，服务的生产才得以启动，价值实现过程同步展开，确保了服务的即时供给与即时消费。

此外，体育与旅游服务还展现出高度弹性，这一特性源于其作为满足高层次需求商品的本质。此类服务的价值与使用价值的实现，极易受到外部多元因素的影响，因此市场反应波动显著。任何单一因素的细微变动，均可能触发服务需求与销售量的显著波动。这一高度敏感性的根源在于，体育与旅游的需求是建立在基础生理与安全需求之上的一种高级层次，当个体基本生活需求面临挑战时，对体育或旅游等非必需品的消费往往就会先被削减或舍弃，从而加剧了市场需求的波动性。

三、体育与旅游活动内容的兼容性

在旅游活动的构成中，"游"作为核心目的，扮演着"的"的角色，即终极指向，而"旅"则作为实现此目的的手段，类似于"矢"的导向功能。因此，旅游活动的具体内容深刻影响着个体的参与决策。当所有必要条件齐备时，旅游内容的吸引力成为驱动个体行动的初始动力。鉴于当代社会对体育的热爱与旅游热情的融合，通过在旅游活动中灵活融入体育项目或直接开发体育旅游市场，企业能够实现旅游与体育的双赢局面。

旅游学术界普遍认为，旅游作为一种多元化的休闲活动，其范畴广泛涵盖了野营、登山等户外探险及体育竞技活动，这些活动本质上体现了体育与旅游的相互渗透。而且漂流、攀岩、滑雪等依托自然条件的项目，代表了体育与旅游深度融合的新层次。此外，酒店及度假村内配备的保龄球、网球、游泳等体育娱乐设施，为游客提供了健身娱乐的多样化选择，这些元素共同构建了体育与旅游紧密结合的框架。

旅游活动可细分为单纯型与连带型。单纯型旅游聚焦于游览、消遣、娱乐、参观及度假等直接体验。而连带型旅游则涵盖体育等多元内容。从动机维度划分，旅游可分为观光型、保健型、文化型、社会关系型和经济型等多种类型，其中，保健型旅游特指个体为缓解工作与学习压力，寻求身心放松与恢复而进行的旅游活动。此类旅游者倾向于选择具备锻炼体魄与舒缓心绪功能的旅游目的地，参与对身体与心理均有裨益的旅游活动形式。就旅游者对旅游资源的心理需求特性而言，其需求可归纳为知识获取、寻求刺激及参与体验三大类别。将体育活动巧妙融入旅游活动之中，不仅能够显著提升旅游活动的参与性，还从另一维度满足了旅游者的多样化心理需求，为其提供了更加丰富多元的旅游体验。

旅游资源，作为旅游活动的核心吸引物，其构成既涵盖了自然界鬼斧神工的杰作，也囊括了人类社会智慧与创造力的结晶，展现出动态发展与持续丰富的鲜明特征。在资源分类上，依据旅游者出行目的的不同，可划分为心理体验、精神享受、健身康体、经济驱动等多种类型。基于旅游资源的本质属性，可将其明确区分为自然旅游资源与人文旅游资源两大类别。在自然旅游资源范畴内，即山川湖海等自然景观中，游客在欣赏自然美景的同时，往往不自觉地实现了身心的锻炼与放松。而人文旅游资源则涵盖了文化、艺术、体育等多个维度，为资源开发提供了丰富的素材。从开发策略的视角来看，人工创造新型旅游资源已成为一种重要的手段与趋势。同时，结合各旅游目的地的实际情况，将适宜的体育运动项目融入其中，实现体育与旅游的无缝对接与和谐共生，既遵循了旅游资源开发的特色性原则，也满足了现代旅游者对于多元化、体验式旅游产品的迫切需求。

旅游理论界普遍认同，体育与旅游的深度融合将显著加速体育的产业化、社会化进程。审视全球旅游业的发展趋势，旅游正逐步演变为人们日常生活的重要组成部分，服务个性化趋势明显，旅游模式由团体向个体转变，度假旅游逐渐取代传统观光游，无主题旅游向主题旅游过渡，生态旅游成为新兴潮流。这些变化均为体育与旅游的紧密结合提供了广阔的空间与机遇。

在旅游学术领域，将融合体育元素的旅游活动界定为旅游体育，其商业化运作的体系则构成了旅游体育业。该行业范畴广泛，涵盖了多个维度：其一，于旅游中心城市内，依托市政规划，构建现代化体育场馆，使之成为城市旅游的新亮点；其二，在旅游度假区深化体育设施建设，推动体育健身旅游的发展，丰富游客体验；其三，在各类旅游目的地推广普及型体育休闲娱乐活动，如水域（如河湖、海滨）游乐、山地探险（如自行车、摩托车越野、赛车、登山、攀岩、滑草、滑道、蹦极）及空中项目（如飘伞、滑翔、热气球飞行、空中观光）与野营活动，以满足不同游客群体的多元化需求；其四，策划并承办国际级、国家级体育赛事与表演，同时组织"球迷""车迷"等专项旅游团，激发体育爱好者的参与热情；其五，在拥有独特传统体育资源或体育明星的地区，深度挖掘并开发特色旅游体育产品，以此塑造并强化地方旅游品牌的独特性与吸引力，助力体育用品制造业的繁荣与发展。旅游理论界普遍认为，旅游与体育的深度融合，不仅是旅游业态创新的重要途径，更是加速体育产业化、社会化进程的强大驱动力，为双方领域的可持续发展注入了新的活力与机遇。

在当今全球旅游产业演进的脉络中，旅游正逐步演变成人们日常生活的新常态。这种转变意味着旅游服务正朝向个性化发展，团体旅游逐渐被个体化旅游所替代。传统的以观光为主的旅游模式正逐渐被更具深度和体验感的度假旅游所取代，无主题旅游逐渐向主题旅游过渡，主题的明确让游客的体验更加丰富和深刻，生态旅游成为一股新兴的旅游潮流。这种以尊重自然、保护环境为前提的旅游方式，不仅满足了人们对自然的好奇和探索，也推动了旅游业向更加绿色、可持续的方向发展，同时这些变化为体育与旅游的融合提供了广阔的舞台。

事实上，人类的旅游活动从其诞生起就与体育结下了不解之缘，以至于在许多活动形式和内容上难以明确是旅游还是体育。随着现代社会中人们对旅游和体育需求的增长，体育资源与旅游资源通过互补互利而形成的体育与旅游结合的产物——体育旅游活动，将从服务于上层社会的消费者迈向普通大众，满足现代人的较高层次文化娱乐健身等需要。

四、体育产业和旅游业对经济的作用

在深入探讨体育产业与旅游产业的互动关系时，我们不难发现，两者虽各自拥有独特的产品体系与消费群体，构筑起界限分明的市场格局，作为独立产业体系运作，但这并不妨碍它们之间形成紧密而富有生机的有机联结。从系统论的角度来看，国民经济构成了一个庞大的系统，体育产业和旅游产业都是其组成部分。这个宏观系统不仅包含并规范着各个子系统的行为，而且其中的子系统之间也存在着相互制约、相互联系和相互促进的关系。通常情况下，各个产业之间都存在一定程度的相互依赖性，特别是体育产业和旅游业这两个高度相关的行业。作为休闲产业的一部分，体育与旅游的融合不仅能实现两个产业的优势互补，还能对整个国民经济产生正面的影响。

（一）旅游业和体育产业可成为国民经济新的增长点

旅游业与体育产业之所以跃升为国民经济的新兴增长点，并引发广泛关注，其根源深植于它们在国民经济体系中扮演的关键角色。首要原因在于，两者在国际与国内层面均展现出迅猛的增长态势与显著的增长规模，体育产业的蓬勃兴起与旅游业的持续繁荣，共同彰显了强大的生命力和广阔的发展前景，对全球及各国经济贡献日益突出，故被誉为"朝阳产业"。其次，这两个产业均具备高度的产业关联性，它们的建立与发展紧密依托于多个部门和行业的支撑，同时，它们的繁荣又能反哺并拓展相关领域的业务范围，形成强大的产业联动效应，有效促进并带动众多相关行业的协同发展。最后，旅游业与体育产业均紧密契合国家产业发展战略与政策导向，获得了国家、地方政府及社会各界的广泛支持与投入，其持续发展不仅顺应了国家产业结构优化升级的需求，也为经济转型升级注入了新的活力。

（二）发展旅游业和体育产业有利于调整产业结构

产业结构的优化升级对于一国经济的稳健运行与持续增长具有举足轻重的作用。构建一个合理的产业结构框架，是确保社会经济体系顺畅运作的基石。当前，我国正处于经济转型升级的关键时期，在持续推动第一、第二产业高质量发展的同时，亟需加大对第三产业的扶持力度，以实现产业结构的全面合理化。作为第三产业的重要组成部分，旅游业与体育产业均隶属于劳动密集型服务业范畴。这两大产业的蓬勃兴起，不仅能够有效提升第三产业在国民经济总量中的占比，增强服务业的整体竞争力，而且其发展过程中所伴随的基础设施建设、设备购置及物资消耗等经济活动，能够产生显著的产业联动效应，直接刺激并带动第三产业内部其他关联产业及第二产业中相关制造业、建筑业等部门的协同发展。因此，加大对旅游业与体育产业的投资与政策支持，对于加速我国产业结构向更加高级化、合理化方向迈进，具有不可估量的价值与意义。

（三）扩大市场需求以促进国民经济的发展

体育消费与旅游消费均属民众高层次消费范畴，构建庞大的体育与旅游消费群体，对于市场需求的扩增、市场供求平衡的稳固、外汇收入的增加、货币流通的加速、国家税收的提振、地方经济的繁荣、就业机会的创造以及社会稳定的维护等方面，均展现出显著的积极作用。鉴于当前中国亟须培育新兴消费热点以驱动市场消费增长，提升社会整体消费能力，进一步激发并扩大市场需求，为市场注入鲜活动力，加速商品与货币的流通效率。旅游业，作为新兴经济增长点与第三产业中的领军行业，其重要地位不言而喻；而体育消费，则作为大众消费领域的新兴热点，其在扩大市场需求、促进国民经济全面发展的关键性作用亦不容忽视。

五、体育产业与旅游产业融合的理论

（一）体育产业与旅游产业融合的内容

产业融合是多个维度的组合，而不只是简单的一维空间，具体包括如下方面。

1. 技术融合

技术融合指随着高新技术的出现和运用，可以不用面对面就实现文件的输送，包括声音、照片、视频等。

2. 网络融合

网络融合指建立一个新网络，就可以传输流媒体和其他内容中的声音。

3. 设备融合

设备融合指将之前需要多种不同设备才能发挥的功能和服务用更少的设备实现。

4. 企业融合

企业融合指企业为实现产业领域或产业内部行业的跨区域发展，选择性地将内容传送给不同的受众。

5. 管制标题

管制融合指通过对资源的管理机构和服务内容进行合并，实现对资料的整理。

（二）体育产业与旅游产业融合的分类

一般来说，研究产业融合有三种分类方法：产品性质、融合方式、融合程度。如表 1-2-1 所示。

表 1-2-1　产业融合的分类

分类方式	类别	产品或内涵
产品性质	替代性融合	各自独立的产品进入一个共同的集合后，可能具有较为类似的功能
	互补性融合	产业产品在融合后共同使用能够实现更好的效果
	结合型融合	各自独立的产品在融合时合成更好的产品，发挥其作用
融合方式	渗透融合	主要是由于技术的创新产生的，一般发生在产业的边界
	延伸融合	通过融合各自实现了产品的更新，可以提供更好的服务
	重组融合	发生在相关性高的产业之间
融合程度	完全融合	新产业替代旧产业，两大产业合二为一
	部分融合	新产业不能完全替代旧产业，与旧产业之间是既有竞争又有合作
	虚假融合	产业之间的融合没能实现更好的利益创造

（三）体育产业与旅游产业融合的机理

1. 融合的动力

体育产业和旅游产业融合的主要动力有两个方面：一方面是内在动力，表现为产业资源的大众性；另一方面是外在动力，表现为群众消费需求的高级化。

（1）内在动力

产业资源的大众性是体育产业和旅游产业融合的内在动力。产业内部资源运用到其他产业的方式越简单便捷，资源的大众性就越高。其他产业对资源的利用率高，产业资源的成本就会变低，通过资源的通用与其他产业发生融合的机会也会提高。

体育产业与旅游产业的资源大众化程度高，使两大产业有可能融合，具体分析如下方面。

①体育健身活动与旅游景区的体育活动有着很高的相似性，二者的市场主体、产业产品、产品功能有着很高的重合度。

②民间传统体育赛事既属于体育产业资源，又超越了体育产业本身，属于旅游产业资源。体育赛事可以作为城市的重要标志物，进行旅游项目开发

和经营，提高旅游产业的综合效益，使城市知名度得以提升。

③开展体育健身活动的大型体育场馆包括在旅游分类中，是旅游资源的一部分，具有双重特性，既可以作用于体育产业，又可以作用于旅游产业。一方面城市可以把具有艺术性的体育场馆作为地标建筑进行开发，形成独特的城市旅游产品，如鸟巢、水立方等；另一方面，大型体育场馆既可以用来举办体育赛事，又可以用来作为旅游收费项目提供给旅游消费者。

（2）外在动力

群众消费需求的高级化是体育产业和旅游产业融合的外在动力。体育与旅游已经不再是小众的时尚，而是成为大众的选择。在我国，这两大产业的市场正在经历从单调需求向多层次、多样化需求转型升级时期。消费升级使人民可以追求更多高质量的生活方式，消费需求变得高级化。体育产业和旅游产业融合正是适应消费者需求变化所产生的，一方面带动两大产业发展；另一方面促进消费需求向更高层次提升。

2. 供需关系

从供需角度来看，通过运用特定生产要素对体育产品与旅游产品进行加工，形成体育旅游产品，满足消费者的需要体育产品与旅游产品分成有形产品和无形产品。有形产品包括体育用品和旅游纪念品，无形产品包括体育赛事的举办权和经营权等，两者都可以进行产业融合。例如，在赛事旅游中，消费者通过购买周边产品来支持自己心仪的队伍这些周边产品既是体育产品又是旅游产品。无形产品包括竞赛表演和健身娱乐产品。有形产品通过将一方需求寄托在另一方产品或资源之中；无形产品在消费者进行相关活动时伴随着产生，实现体育与旅游的双重需求。

（四）体育产业与旅游产业融合的路径

产业融合是一个多方面、多层次的过程，一般有三个阶段：技术融合、业务融合、市场融合。其中，技术融合是最低层次，业务融合是中间的核心层次，市场融合是最终层次。产业融合一般最先出现在技术的创新改进上，之后通过集中企业力量和资源，及时调整产业发展策略，实现进一步的业务融合。技术和业务有效融合的前提是出现消费者需求，即市场的需求。体育产业和旅游产业之间的资源融合形成了许多新产品，扩大了体育和旅游产业的界限，丰富了资源的种类。

1. 技术融合

技术融合指本产业的高新技术在其他产业中运用的程度，有利于为产业链的业务和市场融合奠定技术创新的基础。技术融合主要通过两种方式实施：标准融合和规划融合。标准融合指具有一定强制性的、为促进体育及相关产业发展而进行的产业之间的技术规则共享。体育产业和旅游产业的标准融合主要指两个主要产业的标准进行融合。规划融合指通过主体产业及相关产业的资源调查和规划等手段，延伸体育产业链，提高产业价值。总之，体育产业与旅游产业融合是两大产业通过规划产生的产业链延伸。

2. 业务融合

业务融合指体育产业与旅游产业从业务角度出发，进行产业模式的重构和产业技术上的更新升级，最终实现产业内部管理与组织的变革。业务融合主要通过两种方式实施：人才融合和组织融合。人才融合的目的在于使知识得到融合，它是产业内部企业的重要工作。当前，发展我国体旅融合产业的弊端之一在于，很少有既能理解两大产业理论又能实际运作的国际和综合人才。组织融合意味着在信息社会中，运用灵活的企业管理系统和组织模型，给企业业务提供融合路径。体旅融合可以整合过去利用不足的资源，降低业务拓展的物质门槛，使企业在业务中的融合拓展规模，扩大双赢局面。

3. 市场融合

市场融合指通过技术和业务融合，产生了新的消费者和消费需求。市场需要创新融合产品来满足消费者，从而获得市场份额，扩大自身竞争优势。从市场供求的角度来看，市场融合主要通过两种方式实施：买方需求融合和卖方产品融合。买方需求融合是指随着经济水平的提高，人们对消费产品质量的要求在逐渐增加，对体育和旅游产品的要求也越来越高。消费者不再对单个产品和服务感到满意，而是希望能一次进行一套完整的产品消费。因此，要求体育产业与旅游产业围绕买方的需求进行产业融合，驱使两个产业进行技术、业务等方面的融合，最终引起卖方产品的融合。卖方产品融合指通过技术、业务等方面的融合，引起产业产品功能的融合，从而一次性满足买方的多种需求，主要通过新的产业形态呈现。

（五）体育产业与旅游产业融合的策略

1. 强化政策引领

体育旅游产业，作为体育产业与旅游产业深度交融催生的新型业态，展现出广泛的融合维度与深厚的行业渗透力，其融合发展体系错综复杂。鉴于该领域内各地区发展态势的波动性与不均衡性显著，推进体育产业与旅游产业实现高效、协同的发展，强化政策层面的引导与调控就显得尤为关键。

（1）应制定并出台符合当地体育旅游发展政策和规划，使当地体育旅游发展运行的标准和管理进一步规范化，加强体育旅游整体规划，健全市场体系发展为体育旅游产业发展计划、市场、项目发展、人才等方面发展提供宏观指导。

（2）体育与旅游两个行政部门协调统一，突破部门间的行政壁垒。

（3）加强社会组织和市场主体作用，发挥社会组织功能作用，在政府和市场主体间搭建功能合作平台，形成政府、社会组织、市场主体间协调统一的闭环式发展机制。

（4）深化"放管服"，就是在"既要放也要管"的同时优化服务方式。在体育旅游产业的融合发展过程中，作为一项新兴且多元化的产业形态，其政策制定需深刻把握其独特的发展特性，构建一套既具监管效力又含激励机制的框架。具体而言，政策制定应倾向于适度放宽市场准入条件与产业监管边界，旨在营造更加开放与灵活的发展环境。在此基础上，确立市场主导与政府辅助的协同发展路径，确保资源配置的最优化与产业创新的持续激发。

2. 加强信息化建设

强化大数据在体育旅游融合发展中的战略支撑，为体育旅游产业的宏观决策提供坚实的数据基础与科学支撑，是提升顶层设计精准度与服务决策质量的关键路径。在此背景下，构建以大数据为核心的信息化体系，对于加速体育产业与旅游产业的深度融合具有重要意义。

（1）构建体育旅游数据管理体系，优化决策支持。需规范化地统计体育旅游相关的流量、收支、活动等核心数据，并采用先进的数据处理与分析技术，实现数据的深度挖掘、高效处理与广泛共享。此举旨在为政策制定、战略规划及决策过程提供高质量、直观可视化的数据支持，进而提升服务决策的有效性和前瞻性。

（2）融合 AI 智能技术，构建智慧旅游生态。可研发集多功能于一体的"体旅 App"，该应用不仅利用计算机视觉技术提供攀岩、滑雪、速降、滑翔伞等高风险运动项目的 VR 指导与培训，确保动作标准与安全，还通过线上线下融合的方式，丰富游客的参与体验与互动形式。全方位提升游客的满意度与忠诚度，以科技创新为体育旅游注入新的活力与动力。

3. 提高企业竞争力

体育产业与旅游产业的深度融合发展，亟须企业从多维度出发，包括制度革新、资金筹措、技术创新及市场拓展等核心要素，系统性地推动产业间的融合进程，以拓宽并创新企业的价值增长路径。企业应基于消费者多元化需求，紧密结合市场发展的最新态势，深入剖析并优化区域内资源配置格局，实现资源的高效利用。同时，应充分挖掘并利用当地独特的自然生态资源及丰富的人文底蕴，精心打造具有鲜明地域特色的体育旅游精品项目。

在推动融合发展的过程中，应聚焦于价值链的多元化创新策略，实现从单一产品模式向综合型、复合型产品的转型升级，即产品形态由大众化向个性化定制转变，消费体验由单一的观光游览向集体验、康养、休闲等多功能于一体的复合模式转变，从而构建多元化的体育旅游复合型产品体系，显著提升企业的市场竞争力。此外，还应强化创新型企业的引进与培育机制，积极构建有利于创新发展的生态环境，制定并实施一系列激励政策，以激发企业的创新活力。政府应发挥主导作用，引导体育旅游市场规范有序发展，同时充分释放市场在资源配置中的决定性力量，增强企业整合产业链、参与市场竞争的能力，最终形成体育旅游产业健康、可持续的循环发展格局。

4. 建立人才培养机制

随着体育产业与旅游产业的深度融合步伐加快，多元化的体育旅游产品以其独特属性精准对接了当代人的旅游偏好，展现出前所未有的发展潜力。这一趋势不仅重塑了旅游市场的格局，也对专业人才队伍的建设提出了更高的标准。鉴于此，加强人才队伍建设、优化人力资源配置，已成为推动体育旅游高质量发展的核心战略议题。针对当前体育旅游产业面临的人才短缺问题，本书提出以下策略性建议。

（1）构建多元化人才引进体系，积极拓宽引才渠道。重点聚焦于体育旅游市场营销、产品开发与管理等关键领域，实施精准引才策略，同时建立健全人才引进激励机制。

（2）完善内部晋升与人才培养机制，形成良性循环。在行政单位及企业内部，推行基于能力与贡献的晋升机制，激发员工内在动力。同时，结合外派研修与内部专业培训，形成系统化的培训体系，强化从业人员的专业素养与综合能力，特别是提升其在体育旅游领域的专业知识与技能水平。

（3）深化与高等教育机构的合作，共建人才培养新生态。积极寻求与已设立体育旅游相关专业的高等院校建立战略合作伙伴关系，根据行业发展的最新趋势与需求，共同设计并实施定制化的人才培养方案。旨在培育"懂策划、能运营、强技能、能指导"的复合型体育旅游人才，构建起一条高效、稳定的人才供给链，为体育旅游产业的持续繁荣提供坚实的人才支撑。

第三节　体育旅游的特点与类型

一、体育旅游的特点

体育旅游具有旅游的一般特点，也有自身的独特性，也就是区别于一般旅游的特质，下面重点就其独特性进行分析。

（一）技能性

一般的旅游活动，尤其是旅行社组织的旅游活动，对旅游者没有技能上的要求，体育旅游则不同，对旅游者技能上的要求比较高。体育旅游尤其是户外具有挑战性的体育旅游活动往往具有技能性、危险性、刺激性等特征，如果旅游者体能差、心理脆弱、体育技术掌握不好，则很难顺利参与这些旅游活动，也不可能满足旅游需求，无法获得理想的旅游体验。不仅是旅游者，旅游活动的组织经营者也要具备良好的技能，如体育器材操作技能、指导技能与安全管理技能等，从而为旅游者提供更专业和安全的服务。

（二）重复性

一般的旅游景点对同一名旅游者的吸引力通常只有一次，也就是说被一个旅游景点吸引而去旅游的人，在此次旅游结束后很长时间内基本上不会再去第二次，并不是说这次旅游让他们感到失望，而是他们更愿意把时间、精力和金钱用到新鲜的没有接触过的景点上，多次重复去一个景点会让他们觉得没意思。

体育旅游则不同，人们参加体育旅游活动，是出于对某项体育运动的爱好，如登山旅游是因为喜欢登山项目，观赏赛事旅游是因为喜欢这项运动。因为有这方面的兴趣爱好，所以他们会重复这些旅游行为，可见体育旅游的回头率是比较高的。

（三）消费高

体育旅游属于高消费活动，因此具有消费高的特征，具体从以下几方面体现出来。

（1）有些体育旅游活动对旅游者的穿着、携带的物品等是有专门要求的，如果穿着太随意或没有携带必需物品，则很难顺利开展旅游活动，购置专门的服装与物品是消费行为。

（2）旅游者在旅游前会通过购买书籍或参加培训来掌握专门的技术，为旅游做好技能准备，而买书和参加培训都是需要花费一定资金的。

（3）为了保障旅游活动的顺利开展和安全进行，旅游团队中应配备专业向导、医生等重要人员，并要给予他们相应的报酬，一般花费较高。

（4）体育旅游比较危险，发生意外的可能性比一般旅游大，安全防范意识较强的旅游者往往会先买意外保险，然后外出旅游，不管是购买意外保险，还是购买专门的防护装备，都是不小的开支。

（四）体验性

现在，服务经济正在慢慢被体验经济所取代，这是世界经济形态发展演进的一个趋势。随着经济的发展和人们生活水平的提高，人们对旅游的需求越来越多元，需求层次也越来越高，体验需求属于一个较高层次的需求，而这也是现代体育旅游者的一个迫切需求。因此，体验式体育旅游与当前旅游市场发展需求是相适应的，体验式体育旅游依托丰富的体育旅游资源为旅游者提供相关服务，满足旅游者的健身需求、娱乐需求、交际需求和体验需求，增加旅游者的快感，丰富旅游者的体验，使旅游者享受其中的每个环节。

（五）风险性

体育旅游和一般旅游相比，存在较高的风险性，而且风险发生的偶然性较大，难以提前准确预测，一旦发生危险就会造成相应的身心伤害或财产损失，甚至会失去生命，这对体育旅游爱好者来说是一个巨大的挑战。

参加自驾车、登山、徒步穿越等极限类体育旅游活动，会经常遇到突发的事故。相较于我国户外运动的参与人数来说，西方人参与户外运动的绝对数要大许多，伤亡事件的发生频率也较高。

造成安全事故的原因主要可以归为人为、设备、环境、组织管理等几类。环境因素有自然环境和社会环境两类，前一种因素不可抗拒，但要提前做好预防和应对的准备，将生命损失、财产损失以及对社会的负面影响降到最低。体育旅游者必须有良好的安全防范意识与技能，要在关键时刻懂得自救和救人。

（六）地域性

不管是同一类型体育旅游资源在各地的分布，还是同一地方所拥有的体育旅游资源等，都是有规律可循的，与当地的自然环境、社会环境等都有密切的联系。各地的体育旅游资源都烙上了地方的印记，反映了地方的文化特色。

例如，我国北方冬季的冰雪运动、沿海地区夏季的海上运动、山区的登山运动和沙漠地区的沙漠探险活动等体育旅游项目都体现了体育旅游具有显著的地域性特征。

地域性特征是体育旅游吸引体育旅游者的一个主要原因，如果各地的体育旅游资源单一、重复、雷同，则对体育旅游者没有吸引力，更不会激发旅游者旅游的动机，只有地方特色鲜明而又独特的体育旅游项目才会吸引大量的体育旅游爱好者争相前往参与旅游活动，并由此产生消费行为，这对当地经济的发展具有重要意义。

二、体育旅游的类型

体育旅游的分类方法有很多，常见的几种分类方式如表 1-3-1 所示。

表 1-3-1 体育旅游的分类方法

分类依据	类型
体育学、旅游学等不同研究角度	参团体育旅游
	自助体育旅游
体育旅游资源	水上项目型
	陆地项目型
	空中项目型
	冰雪项目型
	海滩项目型
体育旅游目的	观光型
	休闲度假型
	健身娱乐型
	竞赛型
	极限型
	拓展型
体育旅游者的参与行为	体验型
	观赏型

表 1-3-1 中的第一种分类如图 1-3-1 所示。

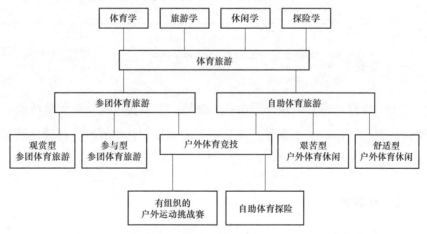

图 1-3-1 体育旅游在体育学、旅游学等不同研究角度下的分类

下面重点分析表 1-3-1 中的第三种分类，各类体育旅游的典型代表项目或内容如表 1-3-2 所示。

表 1-3-2　不同类型体育旅游的典型内容

类型	代表性作品
观光型	体育建筑
	体育遗址
	体育雕塑等
竞赛型	大型体育比赛
休闲度假型	滑雪
	钓鱼
	温泉
	骑马
	冲浪等
健身娱乐型	健身娱乐场所
拓展型	漂流
	攀岩
	溯溪等
极限型	攀登
	高山速降
	跳伞
	蹦极等

（一）观光型

观光型体育旅游就是指在远离其常住地，主要通过视听对体育活动、体育建筑物官邸、体育艺术景点、各具特色的体育文化进行欣赏体验的过程，主要目的是获得愉悦的感受。

（二）竞赛型

竞赛型体育旅游是以参加某种体育竞赛为主要目的的运动员、教练员及与竞赛有着密切相关的人员，为了组织和参加某种体育竞赛，在旅游地逗留一段时间并在比赛之余从事各种观光活动。

（三）休闲度假型

以消除疲劳、调整身心、排遣压力为主要目的具有体育元素的旅游活动就是休闲度假型体育旅游。

（四）健身娱乐型

健身娱乐型旅游是以娱乐性的体育健身、疗养、体育康复为主要目的的体育旅游，如钓鱼、冲浪、骑马、游泳等项目。

（五）拓展型

组织旅游者在崇山峻岭、瀚海大川等自然环境和人工环境中磨炼意志、陶冶情操，满足寻求刺激、猎奇、挑战极限等意愿的旅游形式就是拓展型体育旅游。

（六）极限型

极限型体育旅游是人类对自身生理和心理极限的一种挑战。这类体育旅游项目的难度是非常大的，同时还存在着较大的风险性，而其最大的特点就是追求刺激、挑战极限。通常情况下，这种类型的体育旅游往往是针对成年人或者具备专业知识和经过专业训练的人开展的，因此，极限型运动也有"少数人的运动"之称。

第四节　体育旅游的影响

一、文化方面

近年来，国家大力扶持体育旅游产业的发展，这一举措为体育项目的普及和推广提供了强有力的支持，更在无形中带动了体育的整体发展。体育旅游产业通过结合旅游和体育两大产业的优势，为人们提供了更多元化的休闲方式，吸引了众多游客前来体验。

在这一过程中，体育旅游产业的发展推动了体育项目的普及，增强了民族文化的影响力。通过参与各种体育活动，人们能够更加深入地了解和感受各地的文化特色，这种文化的交流与融合，不仅丰富了人们的文化生活，也促进了文化的传承与发展。

同时，体育旅游产业的发展也引发了人们对传统文化的关注和保护。在体验各种体育项目的过程中，人们会对各地的传统文化产生浓厚的兴趣，从而激发他们保护传统文化的意识。让传统体育和传统文化成为商品供人消费，不仅是对文化的充分利用，更是保护文化的最佳方式。通过这种方式，我们能够让更多的人了解和喜爱传统文化，从而为传统文化的传承和发展提供源源不断的动力。近年来我国体育旅游产业的规模不断扩大，游客数量持续增长，这充分说明了体育旅游产业的发展对于促进体育和文化的融合具有重要意义。同时，我们也应该看到，在发展过程中还存在一些问题和挑战，如体育设施不完善、服务质量参差不齐等。因此，我们需要进一步加强体育旅游产业的规划和管理，提高服务质量，确保体育旅游产业的可持续发展。总之，我国发展体育项目具有天然的优势，通过国家扶持发展体育旅游产业，可以带动体育的发展，增强民族文化的影响力。同时，我们也要加强对传统文化的保护和传承，让传统体育和传统文化成为我们共同的财富。

二、经济方面

体育旅游在推动经济发展方面的作用主要表现在扩大就业机会、增加税收、促进各相关行业的发展等方面。国际体育旅游的发展有利于促进外汇收入的增加；国内体育旅游的发展则能够促进货币流通，有利于更好地分配国民收入，促进国内地区间经济的协调发展。通常来说，一个旅游地经济越发达，游客就越多，经济发展滞后的地区一般很难吸引游客。但如果经济落后地区的体育旅游资源丰富且极具特色，也会吸引游客来访，游客在这些旅游目的地的消费会促进这些地区经济的发展，同时会促进这些地区人民生活水平的提高，地区间的经济发展差距就会缩小。

我国的山区、乡村、偏僻边远地区有相当多有特色的体育旅游资源，这些地区的经济发展落后、人民生活条件较差，与东部经济较发达的地区有很大的差距。但通过发展体育旅游，改善了原来的经济面貌和环境质量，提高了本地人民的生活水平，同时吸引了外界投资。可见，我国在扶持经济落后地区时，旅游扶贫是一种相当有效的途径。

三、环境保护方面

较高的环境质量是发展体育旅游的一个主要条件，发展体育旅游又有利于促进环境保护。体育旅游在环境保护方面的积极作用主要体现在以下三方面。

（一）有利于推动自然资源保护

要想发展体育旅游，就需要对高原、雪山、草地、河流、森林等自然资源进行开发，作为体育旅游产业发展的基础。经过开发的自然资源为体育旅游项目的开展提供了良好的场所，如登山项目、自驾车越野项目、漂流项目、滑雪项目等。为了更好地开发旅游项目、发展体育旅游产业，需要将这些自然旅游资源保护好。

（二）有利于古迹遗址的保护

体育旅游的发展为旅游地区带来了可观的收入，收入的增加为历史建筑、古迹遗址的维护、恢复、修整提供了良好的资金保障，所以说体育旅游的发展有利于保护历史遗址和古迹建筑。

（三）有利于环境卫生质量的提高

发展体育旅游需要旅游地的环境质量达到一定的要求，应比一般生活与生产的环境质量高一些，其中最基本的要求是保证人体健康。为了使旅游者的多元体育旅游需求得到满足，旅游地必须加强环境管理，促进环境质量的提高。

第五节　我国体育旅游发展现状

体育旅游作为旅游与体育两大产业深度融合的产物，正逐渐成为旅游业发展中的新引擎和市场消费的新宠儿。将体育旅游产业的发展置于社会经济转型升级的关键位置，通过精准聚焦项目驱动策略，精心策划并举办具有影响力的品牌体育赛事，不仅促进了区域间的协同合作与资源共享，还深刻推动了旅游领域向"新体育"概念的内涵深化与外延拓展转变。这一路径不仅丰富了旅游体验的内涵，拓宽了其边界，更为构建体育强国与旅游强国的宏伟蓝图注入了强劲的创新活力与持续发展动力，展现了体育与旅游融合发展的广阔前景与深远意义。

一、体育旅游现状

首先，体育旅游作为一种新兴的旅游形式，近年来在全球范围内迅速发展。越来越多的旅游者不再满足于传统的观光旅游，而是希望在旅游过程中参与各种体育活动，体验不同的运动乐趣。这种趋势使得体育旅游市场不断扩大，吸引了大量投资者和旅游企业的关注。

其次，体育旅游的种类繁多，涵盖了从极限运动到休闲健身的各个方面。例如，马拉松旅游、自行车旅游、滑雪旅游、高尔夫旅游等，这些项目不仅吸引了专业运动员，也吸引了大量普通爱好者。各种体育赛事也成了体育旅游的重要组成部分,如奥运会、世界杯、环法自行车赛等。这些赛事不仅吸引了参赛者,也吸引了大量的观众和游客。

最后,体育旅游的发展也带动了相关产业的繁荣。体育用品制造业、体育赛事组织、体育旅游服务等行业都从中受益。许多地方政府也积极推广体育旅游,将其作为促进地方经济发展的重要手段。通过举办各种体育赛事和活动,不仅可以提升地方知名度,还能吸引大量游客,带动当地经济的发展。

在河北省张家口市崇礼区,滑雪产业已跃居引领地位。该领域总产值贡献率已超过全区生产总值的三成,成为驱动经济的重要引擎。这一产业的繁荣不仅壮大了地方经济,还成功吸纳并解决了农村接近万人的就业难题,有效促进了乡村地区的社会稳定与民生改善。比如,江苏省宿迁市以其独特的生态体育资源闻名遐迩,特别是依托骆马湖等自然水域的丰富优势,精心策划并举办了一系列以游泳、马拉松、皮划艇、跑步为核心的高品质体育赛事。体育旅游作为一股新兴且充满活力的经济力量,正逐步在优化区域产业结构、激发地方经济增长潜力及提升社会服务功能等方面发挥了不可替代的作用,成为推动经济社会全面发展的重要推手。

二、体育旅游运行平台现状

随着我国经济的增长和国民生活水平的提高,相关部门也提升了对体育旅游的关注度。自 2008 年北京奥运会至今,关于体育旅游的文献的数量呈波浪式上升,这意味着我国体育旅游的发展正在稳步提升,并逐渐走向成熟。

体育旅游产业具有一个高效运转的平台,该平台作为核心产品供给、市场推广、信息流通与共享的核心枢纽,对于行业发展至关重要。在体育旅游运营过程中,体育旅游产业不仅需要融合体育与旅游两大产业的传统运营模式,还需要针对自身的独特性进行策略性优化与革新。这就要求体育旅游这一行业不仅要充分利用现有的资源平台,还要持续拓展体育旅游的服务范畴与内容深度,不断探索创新性的运营模式,激发产业活力。由此,体育旅游产业的运行平台可划分为两大基本范畴:线下实体平台与线上互联网信息平台。这两个平台共同形成了体育旅游产业的运行机制。

（一）实体平台

体育旅游产业的核心运作基石在于其实体平台，这一平台构成了消费者直接体验的界面，是行业内外互动交流的物理与虚拟空间交汇点。在此平台上，体育旅游产业的所有参与者能够即时沟通，清晰阐述各自立场，促进信息的无缝流通与资源的直接优化配置。实体平台不仅为体育旅游产业的蓬勃发展奠定了坚实的物质基础，更是推动产品创新与服务模式革新的关键支撑点。旅行社、体育旅游俱乐部、体育旅游行业协会、相关企业等多种组织形式都属于体育旅游产业的运行实体平台。这些实体平台通过高效协作，不仅加速了体育旅游资源的整合与优化配置，还激发了产品创新与服务升级的动力，为消费者带来更加丰富多元、高质量的体育旅游体验。因此，深化对实体平台的理解与建设，对于推动体育旅游产业的可持续发展具有重要意义。

1. 旅行社

旅行社作为体育旅游产业蓬勃发展的核心载体，扮演着策划体育赛事旅游、组织特色体育旅游项目及开拓体育旅游市场的关键角色。体育旅游产业的深化与拓展，离不开旅行社这一基础平台，它不仅是既有产品的优化者，更是新型体育旅游产品的创新者与开发者。通过旅行社这一媒介的有效宣传与推广，体育旅游产品的市场发展率得以显著提升。从历史的角度来看，体育旅游的消费者在一定程度上对旅行社等实体门店存在依赖性。随着体育旅游产业的持续发展，消费者的需求日益变得多元化与精细化，对旅游体验的深度与质量提出了更高要求。在此背景下，旅行社的传统门店模式正逐步向体验店模式转型与升级，这一转变不仅顺应了市场趋势，更成为旅游业界最直观、最具吸引力的展示窗口。旅行社体验店模式的兴起，根植于体验经济理论的深厚土壤，它精准捕捉了体育旅游产业中体验为核心的价值诉求，为体育旅游产品的实体化推广开辟了新路径。

2. 体育旅游俱乐部

体育旅游俱乐部，作为一种集结性社会组织形态，汇聚了体育旅游领域的多元主体，旨在共同参与并促进体育旅游活动的展开。此类俱乐部不仅架起了体育产业与旅游产业融合发展的桥梁，还为体育旅游产业的繁荣兴盛注入了强劲动力，同时开辟了举办多样化体育旅游活动的广阔空间。通常而言，体育旅游俱乐部由一群拥有共同兴趣的成员构成，包括热衷于体育旅游的爱好者及致力于体育旅游产品设计与生产的制造商。俱乐部平台为爱好者们提供了宝贵的知识交流与经验共享契机，而制造商则负责为活动提供必要的装备支持。通过精心策划并举办具有鲜明特色的体育旅游活动，体育旅游俱乐部有效促进了体育产业与旅游产业的深度交融与协同发展。

3. 体育旅游行业协会

体育旅游行业协会，作为连接政府机构与体育旅游企业间的关键桥梁，致力于向涉足体育旅游领域的多元化主体提供全方位服务，涵盖咨询、交流促进及协调合作等核心职能，其角色在推动体育旅游产业蓬勃发展的进程中显得尤为关键。此行业协会的运作形态丰富多样，本质上是由志同道合的社会团体基于自愿原则组建的区域性、专业性、非营利性组织。为确保其合法性与规范性，这类组织需在相关政府部门完成严格的备案登记程序，从而确保在行业治理与服务提供中拥有坚实的法律基础。

（二）互联网信息平台

在今日网络高速发展的时代背景下，互联网信息传递的速度与效率已经重塑了体育旅游产业的运营模式。借助互联网平台的独特优势，我们能够充分激发体育旅游产业的活力，以更快的速度推动其发展进程。这不仅有助于体育旅游产业的快速崛起，同时也为该产业带来了更为丰富的商业价值。

1. 电子商务

体育旅游电子商务，作为一种前沿的商务形态，深植于互联网的广阔土壤之中，其核心构建基于两大基石：一是全面覆盖的体育旅游信息数据库，二是高效便捷的电子化商务银行系统。电子商务不仅为体育旅游产业搭建了一个无界限的互联网营销平台，更以其独特的网络化运营模式，促进了产业内各参与主体间的知识共享与深度交流，构建起一个互动频繁、信息畅通的生态体系。电子商务作为体育旅游产业经济效益提升的关键驱动力，正逐步成为推动产业转型升级的重要网络平台。

2. 网络社区

网络社区作为网络化和信息化高度融合的产物，其特性在于围绕共同主题汇聚具有相似兴趣与追求的个体。在体育旅游产业中，此类社区成为商业推广与品牌塑造的有效渠道。网络社区构建的虚拟平台促进了信息在数字空间内的交互流通，社区成员间的互动，不仅便于收集与分析促进体育旅游行业发展的信息，还能有效提升体育旅游活动的吸引力与参与度。此外，垂直社群类应用程序作为网络社区的一种典型表现形式，专注于特定消费群体需求，通过开发定制化移动软件产品，进一步丰富了体育旅游产业运营平台的内容生态，为产业多元化发展提供了有力支撑。

3. 搜索引擎

在当今体育旅游领域，搜索引擎作为信息高效获取的桥梁，极大地促进了爱好者们的探索体验。特别是专业垂直搜索引擎的崛起，它不仅引领了信息整合的新风尚，还巧妙融合了门户网站、专业体育旅游网站、个人博客，以及活跃的论坛社区等多维度资源，构建了一个全方位、多层次的信息生态系统。搜索引擎的核心优势在于其强大的互动沟通能力，它如同一位敏锐的导航员，不断细化并明确消费者的出行意愿与偏好。体育旅游企业则敏锐捕捉这一趋势，依托用户搜索行为的深度分析，采用大数据驱动的视角，结合先进的信息筛选与数据挖掘技术，从海量数据中提炼出有价值的洞察。这一过程不仅帮助企业精准把握市场需求动态，还为企业战略规划与运营决策提供了坚实的信息基石，确保了体育旅游服务的个性化与高效性，进一步推动了行业的创新发展。

三、体育旅游产品的发展现状

（一）体育旅游产品的类型

1. 培训型体育旅游产品

培训型体育旅游产品，作为旅游度假区"体育+旅游+教育"融合创新的结晶，是以体育培训为核心形态的新型旅游产品。在当前我国国家级旅游度假区的多元化发展格局中，该类产品已展现出两种主要形态：其一是依托研学旅游基地实施的体育研学旅行；其二是利用旅游度假区体育设施举办的体育冬夏令营。

（1）体育研学旅行

体育研学旅行是一种综合化的教育实践活动，是教育部门与学校合作，通过团体出行与住宿的形式，围绕地方特色体育文化，精心策划并实施的集体育实践、旅游体验与教育学习于一体的综合教育项目。以冰雪运动、航空运动、水上运动、山地户外运动、高尔夫运动等为主要内容的，是一类体验式研学产品，也就是让参与者亲身体验并学习技能，拓宽体育视野。以观赏体育赛事、体育景观、体育表演及了解体育文化为主的体育活动的，是另一类观赏式研学产品，主要是增强参与者对体育文化的了解。这两类体育研学产品的分类依据是参与者对体育活动的参与程度。

当前，我国国家级旅游度假区的体育研学旅行基地建设尚处于萌芽阶段，数量有限，如安徽省合肥市巢湖半汤温泉养生度假区的经纬度航空研学旅行基地，便是由巢湖市文化和旅游局与教育体育局联合认证的典范。

（2）体育冬夏令营

依据其依托资源的不同，可大致划分为两类：一类是依托大型体育赛事举办的冬夏令营，此类活动借助赛事平台，在旅游度假区内开展体育技能培训，促进国际文化交流与体育技术切磋，同时展现地方文化魅力。另一类是以旅游度假区为基础，在其现有的体育旅游资源和体育旅游设施上建立的体育运动学校，专注于开展体育冬夏令营等培训项目。尽管我国国家级旅游度假区在此类融合实践上尚处于起步阶段，体育运动学校及深度体验基地的数量相对有限，但已有先行者展现出积极的探索成效。以四川省峨眉山市峨秀湖旅游度假区为例，该区域设立的峨眉武术体验基地于 2020 年成功举办了首届峨眉武术联合总会武术夏令营，活动为期一个月，不仅吸引了来自各地的 150 余名青少年学生积极参与，还吸引了众多家长及武术教练的关注与参与，有效促进了武术文化的传承与体育旅游的融合发展。当前，我国国家级旅游度假区多依托冰雪运动资源，如河北省张家口市崇礼冰雪旅游度假区的太舞滑雪学校与云顶滑雪学校等，这些学校通过定期举办青少年冬令营活动，大幅提升了度假区的体育旅游收入。以 2018—2019 年雪季为例，太舞滑雪学校的青少年冬令营项目接待了超过 2 600 名营员，高峰期时单期冬令营报名人数即达 450 人，甚至出现了住宿资源紧张的情况，充分彰显了此类活动在青少年群体中的高度热情与广泛需求。

2. 赛事型体育旅游产品

此类产品的主要意义是促进体育赛事与旅游产业的深度融合，激发赛事旅游市场活力，进而开发独具特色的赛事型体育旅游产品。在 2018—2020 年，全国 45 家国家级旅游度假区共成功举办了 93 场大型体育赛事活动，其中全国性及国际性赛事占据主体，高达 62 场，另有 31 场是为彰显地方特色而举办的自主品牌体育赛事，整体数量可观。但是，各旅游度假区的体育旅游精品赛事较少，目前仅有国际雪联自由式滑雪雪上技巧世界杯和桂林阳朔攀岩节入选中国体育旅游十佳精品赛事。

（1）大型体育赛事

大型体育赛事强大的吸引力不仅促进了参赛者与观众的流动，还直接带动了参赛旅游与观赛旅游的发展，成为推动地方经济增长的重要引擎。根据有关统计，平均每家国家级旅游度假区至少承办了一项全国性或国际性大型体育赛事，共计 62 项，覆盖了山地户外运动、水上运动、球类运动、冰雪运动等多个领域。具体而言，山地户外运动赛事占比最高，达 31%（20 项），水上运动赛事紧随其后，占比22%（14项），球类与冰雪运动赛事分别占比14%和12%（9项与8项），而航空、汽摩、健身健美及传统体育运动赛事则各占一席之地，均为5%（各3项），其他类别如篮球赛事仅有一项，占比1%。

（2）自主品牌体育赛事

自主品牌体育赛事作为旅游度假区特色文化与民俗体育融合的产物，其举办情况反映了度假区在体育旅游品牌塑造上的努力与成效。2018—2020年，45家度假区共举办了31项此类赛事，尽管有一定进展，但仍有部分度假区在打造高知名度、高级别自主品牌体育赛事方面存在不足，整体赛事类型与层次尚待丰富。在已举办的自主品牌赛事中，马拉松赛事因其易于组织、市场潜力大而成为主流，占据了显著比例。马拉松赛事因不需特别经由中国田径协会审批等原因性，在赛事规模与数量上均实现了快速增长。

（二）体育旅游产品发展的效应

从产业进步与旅游度假区发展的维度审视，体育旅游产品作为关键要素，不仅能够丰富并优化旅游度假区的服务内容架构，促进度假区实现品质与层次的双重提升，还有助于增强度假区的经济收益能力，并有效提升了其市场知名度与品牌影响力。这种积极的发展效应，构成了驱动旅游度假区持续深化体育旅游产品开发、促进整体业态繁荣的重要动力源泉。

1. 完善旅游度假区的内容体系

在旅游度假区范畴内，体育旅游产品的蓬勃发展明显促进了区域体育文化的普及与体育设施的升级优化。以广西壮族自治区桂林市阳朔县为例，其攀岩节作为荣获中国体育旅游十佳精品赛事的标志性活动，截至2019年，阳朔县成功举办的12届活动吸引了众多运动员的参加，这些运动员的国籍遍布全球，并且阳朔县已构建起包含70处独立岩场及逾千条精心设计的攀登线路的完备体系，更是彰显了体育旅游活动对地方体育资源深度开发的积极影响。再比如广东省河源市的巴伐利亚庄园，通过创新性地引入航空体验、室内滑雪、山地自行车等多元化体育旅游产品，不仅丰富了旅游体验内容，还于 2020 年 3 月荣获广东省政府 5 万元的资金扶持，这笔资金被有效用于体育运动综合馆、户外运动与马术体验中心、航空俱乐部及冰雪竞技俱乐部的构建与升级，进一步推动了庄园内体育设施的全面建设。

2. 推动旅游度假区提档升级

在当代旅游业的发展浪潮中，"体育+旅游"融合模式的兴起显著推动了体育旅游产品的创新与开发热潮。当省级旅游度假区迈向国家级行列的转型关键期，体育旅游产品以其独特的魅力，在增强产品多样性、扩大游客基数、提升市场号召力及强化品牌竞争优势等方面展现出了不可替代的价值。以河北省张家口市崇礼冰雪旅游度假区为例，该度假区作为体育旅游领域的佼佼者，专注于冰雪运动旅游产品的深度开发与运营，于 2019 年成功跻身省级旅游度假区行列。次年，崇礼冰雪旅游度假区凭借其卓越的冰雪运动旅游产品体系，不仅满足了国家级旅游度假区评选的严格标准，更在短短一年内实现了从省级到国家级的飞跃式升级，彰显了体育旅游产品的强大驱动力。

3. 提高旅游度假区的经济收入

体育旅游产品的引入为旅游度假区注入了强劲的活力，快速促进了区域经济的蓬勃发展。

以浙江省杭州市淳安县的千岛湖旅游度假区为例，在 2017 年国庆黄金周期间，千岛湖旅游度假区凭借其独特的骑行体验吸引了高达 7.6 万人次的骑行爱好者。截至 2020 年 8 月底，累计接待的运动休闲游客数量更是攀升至 200 余万人次，直接促使淳安县内运动休闲游客占比达到总旅游人数的 20%，进入 2020 年 9 月，淳安县的运动休闲旅游市场持续繁荣，累计接待游客量约达 324.89 万人次，占全县游客总数的比例上升至 23.29%，显示出体育旅游市场的强劲复苏与持续增长态势。

4. 提升旅游度假区的知名度

健身导向型与赛事驱动型体育旅游产品对于提升旅游度假区的知名度具有显著作用。以浙江省宁波市东钱湖旅游度假区为例，自其成立以来，该区域积极构建多元化的运动休闲产品体系，体育旅游业态逐步成型并壮大，这一系列体育旅游产品在网络平台上显著提升了东钱湖的搜索曝光率，和作为旅游目的地的知名度。此外，体育赛事作为一项具有广泛影响力的重大活动，其潜在的旅游开发价值不容忽视。通过将体育赛事作为核心吸引物，赛事型体育旅游产品得以深度开发并运营，这些产品所塑造的独特品牌、鲜明形象及积极向上的精神风貌，为举办地营造了一个积极向上的体育旅游环境，有效提升了举办地的区域影响力和品牌知名度。

（三）体育旅游产品的发展优化路径

1. 制定地方体育旅游政策

针对已设立旅游度假区管理机构的区域建议其制定并发布旨在促进体育旅游产品蓬勃发展的政策蓝图，将此类产品列为度假区重点培育对象。管理机构应在产业规划蓝图中鲜明地表达支持体育旅游产品开发的态度，通过规划引领产品创新的浪潮。同时，鼓励具备条件的管理机构实施资金激励措施，为符合条件的体育旅游产品提供财政支持，如奖励投资企业、表彰规模宏大且效益显著的体育旅游项目。此举旨在集中资源，精心培育一批高质量的体育旅游产品，通过打造标志性赛事与项目，构建以核心产品为轴心的产业链，进而辐射带动区域内其他产品的协同发展，实现"点面结合"的效应，加速体育旅游产品的区域繁荣，最终提升整个旅游度假区的体育旅游经济收益。

2. 引导体育旅游产品开发

倡导旅游与体育部门携手合作，对旅游度假区的体育旅游资源进行全面评估与认定，旨在精心打造富含地域风情的体育旅游精品。相较于自然资源的利用，应更聚焦于体育旅游人文资源的深度挖掘，如舞龙、赛龙舟等民间体育盛事，进行全面梳理与展示。通过此举，激活体育旅游产品的创新开发，逐步塑造各度假区独特的民俗体育旅游品牌，形成"一年多节庆"的体育旅游新生态。

旅游部门应主动引导度假区利用丰富的体育资源，精心设计体育旅游产品，确保其与体育经济的蓬勃发展相辅相成。

同时，构建以游客体验为核心的资源开发机制，确保资源利用与游客享受和谐共生，提升游客满意度与重游率，进一步巩固旅游度假区的体育旅游品牌影响力。

3. 积极开发体育旅游产品

秉持"体育+"的创新理念，深度挖掘体育与旅游的融合潜力，精心打造多元化的体育旅游产品。

（1）强化体育与旅游的结合，推动骑行、登山、房车露营、水上运动（如皮划艇、桨板等）、滑雪、滑翔伞、热气球等体验式体育旅游产品蓬勃发展，并鼓励地方特色体育赛事的举办，吸引国内外大型赛事落户旅游度假区。

（2）促进体育、旅游与教育的深度融合，利用旅游度假区的体育设施，如滑雪场、高尔夫球场等，建立专业学院和研学基地，为青少年提供丰富的体育运动培训机会。

（3）积极探索体育与旅游、科技的结合点，引入 5G、AR、VR、MR、AI 等前沿技术，创新推出 VR 高尔夫、VR 滑雪等高科技体育旅游产品，为游客带来前所未有的沉浸式体验。

（4）注重体育与旅游、康养的和谐共生，依托温泉、森林等自然资源，开发温泉瑜伽、森林瑜伽等康养型体育旅游产品，助力游客身心放松。

（5）加强体育与旅游、文化的交融，打造以体育表演和体育景观为核心的观赏型体育旅游产品，让游客在欣赏中感受体育的魅力。

（6）推动体育与旅游、农业的跨界合作，将农业采摘与体育赛事活动相结合，推出独具特色的体育旅游产品，为游客带来别样的乡村体验。

4. 构建体育旅游产品体系

为规避体育旅游产品的趋同性，强化其独特魅力，深入的市场调研在体育旅游产品的孕育之初便显得尤为关键。此调研需紧密捕捉游客于度假胜地中参与体育旅游活动的行为模式、内在驱动力及个性化偏好，旨在精准对接游客多元化需求，激发其重返意愿。建议依据调研洞察，精细化规划旅游度假区的体育旅游设施蓝图，并针对性地开展专项培训，涵盖体旅融合路径探索、产品现状剖析、国际成功案例借鉴等，以此提升管理层对体育旅游产品的战略认知，培养一支既具有理论深度又擅长实战的精英团队，共同驱动体育旅游产品的卓越发展。

依托市场调研成果，不断创新体育旅游产品，构建层次分明、特色鲜明的产品体系，这对于彰显度假区的体育旅游魅力、塑造品牌形象、精准对接市场需求，以及推动体育旅游产业的繁荣至关重要。鉴于体育旅游产品开发尚处于萌芽阶段，体系化建设能有效助力度假区高效整合区域体育旅游资源，加速产品开发进程。在此过程中，应确保产品体系兼顾"全季节性"与"全民性"的特性，精心打造全年龄段皆宜、全年可享的体育旅游产品，为游客带来持续而丰富的旅游体验。

（四）体育旅游产品优化策略

1. 提升产品体系

（1）结合当地文化特色，推进旅游产品深度开发

旅游产品一般是组合产品，在开发的过程中应考虑与当地的特色旅游、节庆旅游等结合。鉴于游客群体的多样性，包括年龄、教育背景、收入水平及兴趣爱好的广泛差异，山地户外运动旅游的消费模式展现出显著的多样化和个性化趋势。因此，我们需摒弃传统单一的产品设计模式，转而构建多元化的产品结构，涵盖专属定制型、纯粹观光型及综合体验型的全方位产品体系。

（2）与其他产业进行多角度融合发展

体育旅游的未来发展方向应是积极探索与其他产业的跨界融合之路，以市场需求为指南针，推动产业间在管理和运营层面的创新协作。当前，文化旅游与体育旅游的边界日益模糊，两者在产品和服务的供给上相互影响，为我们提供了技术、业务及管理整合的广阔空间。面对瞬息万变的消费市场和

不断升级的消费者需求，体育旅游需在政策引导和规划设计的助力下，与其他产业深度融合，创造出集医疗、康养等多元化功能于一身的新型旅游产品，从而在市场竞争中脱颖而出，吸引更多消费者的目光。

（3）丰富产品分层的项目内容

在体育旅游产品的优化升级过程中，我们还应注重产品的层次化设计，以满足不同消费水平游客的多样化需求。这要求我们不仅要保持现有产品分层的清晰结构，更要在此基础上丰富各个层次的产品内容，力求打造多层次、多类型、多功能的体育旅游产品矩阵。同时，无论是产业的发展还是产品的开发，我们都应始终将文化品牌建设置于核心地位，引领体育旅游向更高层次迈进。

2. 加强宏观调控

（1）在社会进步的脉络中，政府扮演着宏观调控的重要角色，需精心策划体育旅游资源的蓝图，依循发展目标，并植根于地方特色，深化开发，避免出现产业地区间同质化的现象。

（2）政策法规建议培育并规范相关社会组织的发展，通过决策会议、服务外包等手段，解决社会组织发展资源不足的问题；培育与市场需求相符的社会组织协会等，以弥合政府与企业之间的鸿沟，解决政府在产业治理方面的盲点，同时促进社会组织的健康发展。

（3）政策需细化机制，量化投入，强化保障措施，确保每一环节都能精准对接，从支持对象到资金投入，再到土地规划，皆做到有章可循，以增强政策的可操作性和精准度。

（4）政府应深化"放管服"改革，优化项目审批流程，缩短审核周期，为市场减负增效。此外，地方政府需整合职能，设立专项办公室，专门负责体育旅游事务，以高效响应市场需求。

政府推出的短期扶持政策虽能解燃眉之急，但长远来看，唯有制订旨在增强体育旅游产业核心竞争力的长期规划，方能确保企业的可持续发展，引领产业迈向新的高度。

3. 提高市场竞争力

为了吸引大型企业投资的关键在于项目潜力和市场广度，应当聚焦大型旅游企业的成长，利用政策导向，打破政府主导的旧模式。推动优质体育旅游企业崛起，对低效企业进行整合或淘汰。企业依据政府发展蓝图设计产品，龙头企业与政府携手领航市场开发与营销。加强市场监管，提升政府监督效能，让企业在体育旅游领域引领风骚，实现市场资源优化配置。同时，产品开发需融入地域特色，基于资源禀赋科学规划，遏制盲目开发，保障体育旅游产业的健康发展。

第二章 体育旅游的资源要素
分析与整合

体育旅游事业的发展离不开体育旅游资源的支持，体育旅游资源是体育旅游的最基本要素，如果没有体育旅游资源，就不会吸引体育旅游消费者并进一步引发体育旅游行为，体育旅游活动与体育旅游市场也就失去了最基本的存在根基。本章重点对体育旅游资源要素进行分析，包含体育旅游资源要素概述、我国体育旅游资源要素的分布、体育旅游资源要素的开发与整合三个方面。

第一节 体育旅游资源要素概述

一、旅游资源与体育旅游资源的概念

（一）旅游资源

"旅游资源"是"旅游"与"资源"两个词语的合成，既具有"旅游"的共性特征，也具有"资源"的共性特征，同时又具有其自身的特殊特点。作为一个合成词，很多学者从旅游和资源的角度尝试对旅游资源作出概念描述。

1. 国外学者对旅游资源概念的认识与描述

国外学者对体育旅游的研究开展较早，在"体育旅游"这一名词出现之前，就有很多相关词语及其概念解释的出现，如 tourist attractions 和 visitor attractions，中文译为"旅游吸引物"。

英国旅游协会（ETC）认为："旅游吸引物是一种永久固定的游览目的地。"[①]旅游吸引物具备以下特征，即能满足公众娱乐、兴趣和教育需求；在每年预先确定的时期向公众开放；必须是独立的，有独立的管理，有游客收入。澳大利亚学者内尔·雷坡（Neil Leiper）在《旅游吸引物系统》一文中指出："旅游吸引物是一个综合系统，由三个要素组成：旅游者或人的要素、核心或中心的要素、标识或信息的要素。当这三种要素合而为一时，便构成旅游吸引物。"[②]

从对旅游资源的概念理解来看，国外学者或旅游组织倾向于从人（旅游者）的视角解读旅游者及其行为，旅游资源是吸引旅游者的所有因素的总和。

2. 我国学者对旅游资源概念的认识与描述

有学者指出，资源属于经济学概念，原指取之于自然的生产与生活资料，现在常指客观存在的生产资料或生活资料。资源最基本的属性就是"有用性"和"基础性"。

旅游资源是资源的一种，在"有用性"和"基础性"的基础上，还表现出具有"可利用性"和"经济价值"。

改革开放以后，我国社会经济发展有了很大的变化，我国体育旅游业是在我国经济条件好转之后逐渐发展起来的。这一时期，我国学者对旅游与旅游资源的研究不断深入和全面，很多学者为了科学合理地界定旅游资源的概念，做了不懈的努力与探索（见表2-1-1）。

① 吴国清. 旅游资源开发与管理［M］. 上海：上海人民出版社，2010.
② 魏丽英，路科. 在线旅游发展下的旅游目的地竞争战略选择研究［M］. 北京：冶金工业出版社，2019.

表 2-1-1　国内学者对旅游资源概念诠释

学者	吸引性	可开发性	效益性			对象化描述							
			经济	社会	环境	景观	劳务	商品	客体	现象	条件	因素	事物
唐学斌	●					●	●	●					
郭来喜	●						●		●				
黄辉实	●	●										●	●
陈钢	●										●		
张凌云	●		●	●	●						●	●	
孙文昌	●		●	●	●								
孙尚清	●										●	●	
李天元	●											●	
保继刚	●					●							●
楚义芳	●					●							●
杨桂华	●	●			●				●				
魏小安	●			●								●	
CNTA	●			●								●	
宋子千	●	●									●	●	●
甘枝茂	●								●			●	
黄中伟	●		●	●								●	●
国标	●	●	●	●	●							●	●

从表 2-1-1 来看，在旅游资源概念研究早期，"吸引性"是诸多学者对旅游资源特性的一个共识，但是对于旅游资源的"环境效益"关注较少。在关于旅游资源的对象化描述中，更多学者将旅游资源界定为一种"因素"和"事物"。

2003 年，我国国家标准《旅游资源分类、调查与评价》（GB/T 18972—2017）颁布，将旅游资源定义为："自然界和人类社会凡能对旅游者产生吸引力，可以为旅游业开发利用，并可产生经济效益、社会效益和环境效益的各种事物和因素。"[①]这一概念对之后学者对旅游资源的更深层次理解奠定了重要理论基础。

通过上述对旅游资源的概念认知分析可以总结出，体育旅游资源应具备

---

① 王建. 江苏省海岸滩涂及其利用潜力 [M]. 北京：海洋出版社，2012.

以下基本特征与内涵。

（1）体育旅游资源应具有吸引性，对旅游者具有吸引力，能激发旅游者的旅游动机。吸引力因素是旅游资源的理论核心。

（2）旅游资源具有可利用性，体育旅游资源要具有旅游价值，能产生多元效益，即经济效益、社会效益、环境效益缺一不可。

（3）旅游资源是客观存在的。旅游资源是人们赋予客观存在的事物以利用价值，这种旅游价值是人为开发出来的，这种价值必须依托于客观存在的事物身上。

（二）体育旅游资源及其要素

从概念范畴上来看，体育旅游资源属于旅游资源中的一部分。作为一种旅游资源，体育旅游资源对体育旅游者必然具有一定的吸引力，这种吸引力具体表现为体育旅游对象和体育旅游设施两个方面。

首先，体育旅游对象是整个旅游产品中的重要组成部分，体育旅游者选择开展旅游活动，必然是受到了体育旅游物的吸引，这种体育旅游物能满足体育旅游者的某种体育旅游需求，并会随着体育旅游者的不断涉足和开发而充实到旅游对象中。体育旅游对象可在地域范围上形成聚集态势。具体来说，各种单体的体育旅游对象有机地聚集在某一地区，经开发创造出一个旅游环境后，就会成为旅游目的地。通常来说，旅游目的地的旅游对象越多，对旅游者来说就越具有性价比优势。

其次，体育旅游设施是专门为参与者提供体育旅游活动条件、满足体育活动需求的娱乐设施和服务设施。体育旅游地的体育旅游设施将直接决定体育旅游者的体育旅游体验，这种体验将成为评价该旅游地的一个重要的旅游评判标准，可影响其他体育旅游者是否选择来这里旅游。

最后，可以将体育旅游资源的概念界定为：体育旅游资源是客观存在的，对体育旅游者产生吸引力，能激发其体育旅游动机和行为，能产生旅游经济、社会、生态效益的事物。

其中，体育旅游资源要素主要包括以下五个方面。

（1）体育资源：这是构成体育旅游的核心要素。例如，欧洲的曼联、皇马等足球俱乐部的门票资源等。

（2）旅游消费：旅游消费是体育旅游发展的根本动力，没有足够的旅游消费需求，体育旅游资源难以转化为实际效益。

（3）目的地和市场：体育旅游的发展需要有明确的目的地和市场定位。例如，沙木尼小镇作为现代登山运动的发源地，吸引了大量户外爱好者和滑雪者；而青岛市则通过滨海体育旅游开发，结合当地独特的自然景观和体育设施，提升了其在体育旅游市场的竞争力。

（4）文化附加价值：在开发体育旅游资源时，需要注重文化的融入和提升。例如，海南省在开发体育旅游资源时，重点打造了体育旅游品牌，并增强了文化附加价值。

（5）政策支持：政府的政策支持对于体育旅游资源的开发至关重要。例如，《南京市体育旅游发展行动计划（2019—2025 年）》就为南京的体育旅游发展提供了政策保障。

二、体育旅游资源的内涵与属性

（一）功能：吸引力和旅游价值

某一事物之所以成为体育旅游资源，根本原因就是其具有对体育旅游者的吸引力，这种吸引力使得该资源具有体育旅游价值。体育旅游资源的吸引力与旅游价值具体表现如下。

1. 吸引力的唯一性

从体育旅游者产生体育旅游动机来看，动机可以是多方面的，但无论是出于哪一个方面的动机，都要求体育旅游者通过考量之后付诸最后的旅游行为，如此体育旅游资源才能真正发挥出其对体育旅游者的吸引力。

对体育旅游者的旅游行为实施前的考量，其实就是对一种体育旅游资源的价值判断，以及对不同体育旅游资源的价值比较，往往哪一种体育旅游资源更具吸引力，具有其他体育旅游资源所不具备的唯一的吸引力，体育旅游者就更倾向于选择该种体育旅游资源。

必须指出的是，不同的事物可能都会对体育旅游者产生各种各样的兴趣吸引，但只有那些能够提供审美和愉悦、对旅游者具有旅游吸引力的内容才算是旅游资源，不具有这种吸引力的任何资源形式都不是旅游资源。

2. 吸引力的相对性

旅游资源对旅游者的吸引力是对旅游者群体而言的，不同的旅游者群体往往对于不同的旅游资源有喜好的倾向性，这就是体育旅游资源吸引力和旅游价值的相对性。

举例来说，农村体育旅游者更希望能去大城市的综合性体育场馆观看一场顶级体育运动赛事，城市体育旅游者更向往去郊区、山区感受在大自然中参与体育运动的快乐。对于不同地区、不同类型的体育资源，不同的体育旅游人群的喜好程度不同，参与体育旅游的动机也不同。

此外，体育旅游资源对体育旅游者的吸引力的相对性还表现在不同的历史时期和社会发展阶段，体育旅游者所喜欢的体育旅游资源类型和开展体育旅游活动的类型是不同的，这在跟随重大赛事而兴起的各种体育旅游热中表现得尤其明显，如曾在我国出现的习武热潮，吸引了诸多国内外体育旅游爱好者去少林寺观摩旅游；2008 年，我国在北京举办奥运会，吸引了大量的国内外体育运动爱好者来中国、来北京旅游；2022 年，北京—张家口冬奥会还掀起一场冰雪体育旅游热潮。

3. 吸引力的效益性

对旅游者具有吸引力的旅游资源必须能够为旅游业所开发利用，并产生三大效益：经济效益、社会效益、生态效益。

体育旅游业是一种绿色、健康的产业，旅游资源的核心吸引力特性要符合经济、社会和生态原则，要剔除那些不符合经济原则、社会伦理规范和生态原则的部分。

在体育旅游业的发展过程中，那些违反了社会公德标准、侵犯了人类的根本利益、可能对生态环境造成不良影响的体育旅游资源，都不应列入旅游资源范围内。

（二）形态：客观存在性和多元化

1. 旅游资源的物质和非物质形态

物质形态的旅游资源是指物质的、有形的旅游吸引物，是看得见、摸得着、易被人们所认可的旅游资源，如名山、秀水、溶洞、建筑、动植物等。非物质形态的旅游资源主要是通过人们的想象而感受到的体育旅游体验，这种想象是建立在物质形态的体育旅游资源的基础上的，与一定的物质相联系，依附于一定的物质而存在，并通过人们的想象被感受到，如历史记载、神话故事、文学作品、科技、技艺等。

举例来说，湖北赤壁山作为一种自然山体资源，本身就具有登山、徒步、观光旅游、丛林探险等体育旅游价值，再加上《三国演义》中的"赤壁之战"在大众中知名度较高。因此很多旅游者去赤壁山旅游，除了欣赏自然风光外，在很大程度上是人们怀古的情怀和探究历史真相的好奇心激发了旅游者的旅游动机。

2. 旅游资源的原生、人造、虚拟形态

原生体育旅游资源是自然存在、历史文化中遗存下来的具有旅游价值的资源，这些旅游资源是体育旅游的重要组成部分，而且大多数资源一经破坏就无法恢复原貌、不可再生，是原生的旅游资源。

人造体育旅游资源是随着现代体育旅游业的不断发展而在原有的旅游资源或者是原有的旅游地进行人为建设和创造出来的新的体育旅游资源，这一部分旅游资源具有对原生体育旅游资源的依附性，可以是依靠资金、智力和现代技术，通过模仿、模拟创造出的人造景观，也可以是对其他地区知名资源的模仿再造。

虚拟体育旅游资源是利用现代科技创造出来的虚拟性的、能为体育旅游

者提供类似真实的体育运动体验的体育活动参与体验的体育旅游资源，具体是使用虚拟技术，使人与虚拟三维环境进行视觉、嗅觉、听觉等感觉的实时交流，是原生、人造旅游资源的多维立体、全景动态的数字化展示。虚拟旅游资源对旅游者的吸引力是源于其附着的原生或人造旅游资源吸引力而产生的。

3. 旅游资源的已开发和未开发形态

已开发的体育旅游资源是目前在体育旅游市场上可以找到的、吸引了一些体育旅游者前往进行体育旅游体验的体育旅游资源，这些体育旅游资源已经投入体育旅游市场中，成为体育旅游产品的重要依托因素与事物。

未开发的体育旅游资源是指那些具有重要的体育旅游开发价值，但是受各种因素的影响，还没有被引入体育旅游市场中，也没有通过开展体育旅游活动进行盈利的体育旅游资源。

在这里需要特别指出的是，旅游资源的性质和功能并不会因为人们观光以及开发与否而引起改变，无论人们观光与否、开发与否，只要是能激发人们的旅游动机、具有旅游价值的要素，就都是客观存在的体育旅游资源。

（三）范畴：延展性和动态性

体育旅游是随着人类社会经济、文化的发展而兴起和快速发展的产业，体育旅游资源也会受到人类社会的经济与文化发展的影响，其自身的功能与属性也会发生相应的变化，以满足体育旅游者不断变化的、丰富多样的或者个性化的需求，越是能与体育旅游者的旅游需求相契合的体育旅游资源，越是能吸引体育旅游者付诸体育旅游实践行动。

在人们的传统观念中，只有美好的事物才具有旅游价值，才能成为旅游资源，如山岳森林、江河湖泉、宫殿寺庙、亭台楼阁等。但随着现代人们的思想与认知的变化，一些不能被传统大众所理解和认知的事物也会受到一部分人的欢迎而成为旅游资源，并有可能引导大众旅游趋势，如废旧工厂经过适当改造可成为旅游资源和旅游地，如 798 艺术中心。农村的田园生活也会吸引城市居民前来观光体验,如农家乐。现阶段,随着人们体育健康意识的加强,一些历史悠久的药膳房、中药材博物馆、医疗器械博物馆等也成为一种旅游资源。

随着体育活动的不断丰富与发展,其开展空间不仅局限于人类居住区,而且开始向更广阔的空间发展,开始向空中、水下延展,如无人区探险、沙漠徒步、海底探幽、空中跳伞等。

第二节　我国体育旅游资源要素的分布

我国地大物博,具有丰富的自然与人文旅游资源可供开展体育活动。随着近年来我国体育事业的不断发展,我国体育文化与体育项目也获得了较快的发展,这些体育文化资源也为体育旅游活动的开展奠定了良好的基础。本节主要结合不同旅游资源的性质对我国丰富多彩的体育旅游资源的分布进行详细阐述。

一、我国体育旅游自然资源分布

(一)山体资源

我国山体资源丰富,可依托丰富的山体丘陵、多彩地貌开展登山、徒步、观光、探险等体育旅游活动。当前,我国已经开发的体育旅游山体资源如表 2-2-1 所示。

表 2-2-1　我国可开展体育旅游的山体资源分布(部分)

省、自治区、直辖市	山体资源
北京	鹫峰、灵山、香山、百花山、海坨山
河北	雾灵山、苍岩山、碣石山

续表

省、自治区、直辖市	山体资源
河南	嵩山、石人山、鸡公山
甘肃	团结峰、大雪山、冷龙岭、七一冰川
四川	四姑娘山、泸定贡嘎山、峨眉山、青城山
山东	泰山、崂山、蒙山、千佛山
山西	恒山、五台山
陕西	华山
湖南	衡山、武陵源、九嶷山、张家界
安徽	九华山、黄山、琅琊山、八公山
湖北	武当山、九宫山、神农架
江西	庐山、青原山、龙虎山、井冈山
吉林	长白山
福建	武夷山
台湾	阿里山
浙江	雁荡山、普陀山、天台山、莫干山
辽宁	千山
广东	鼎湖山、罗浮山、丹霞山
云南	玉龙雪山
新疆	托木尔峰、公格尔峰、博格达峰、慕士塔格峰、公格尔九别峰、雪莲峰、慕士山
西藏	启孜峰、乔戈里峰、珠穆朗玛峰
青海	阿尼玛卿、年保玉则、玉珠峰，祁连山脉岗什卡雪峰
内蒙古	包头九峰山、巴林喇嘛山

（二）水体资源

　　我国拥有丰富的江、河、湖、海等水体资源。据不完全统计，我国有大小湖泊 2 万多个，大小瀑布数百个，瀑布群数十个，各类泉 10 万之多。这些水体资源为我国开展水上体育旅游活动与水下体育旅游活动提供了良好的条件。目前，我国依托水体资源开发较多的体育旅游活动是游泳、漂流、龙舟以及水源疗养地的休闲体育旅游。近年来，我国新兴的水上体育旅游主要是冲浪、滨海度假游、游轮休闲游，此外还能为体育旅游者提供水下潜水的水下体育旅游体验。

我国丰富的水体资源分布如表 2-2-2 所示。

表 2-2-2　我国水体资源分布

水体资源	分布区域
河流	长江三峡 四川都江堰 湖南猛洞河、茅岩河、郴州东河 广西桂林山水、漓江、资江、柳州融水贝江等 黑龙江沾河、伊春河、汤旺河、黑龙江 新疆叶尔羌河、塔里木河、和田河
湖泊	北京十三陵水库 青海青海湖 黑龙江镜泊湖、五大连池 新疆天山天池、赛里木湖、哈纳斯湖 安徽新安江水库 江苏太湖 福建武夷山曲溪 湖南洞庭湖 江西鄱阳湖 云南洱海、滇池
泉水	北京西山玉泉、小汤山温泉 山东济南泉群 西安骊山华清池 杭州西湖虎跑泉 江西庐山聪明泉 广东从化温泉
瀑布	陕西、山西两省交界的壶口瀑布 贵州西江黄果树瀑布 台湾蛟龙瀑布 安徽天柱山瀑布群 吉林长白山瀑布 江西庐山瀑布群 浙江雁荡山瀑布群 四川九寨沟瀑布群

续表

水体资源	分布区域
江海	河北北戴河、秦皇岛南戴河 山东烟台金沙滩、乳山银滩 辽宁大连金石滩 上海南汇滨海 广西北海银滩 广东阳江海陵岛 海南三亚天涯海角

（三）溶洞资源

我国山水资源丰富，具有丰富的溶洞资源，这些溶洞资源为我国洞穴探险爱好者、体育摄影爱好者开展体育旅游活动提供了丰富的自然条件。当前，我国已经开放的洞穴有 300 多处，大都具有较高的旅游价值。

我国主要溶洞资源如表 2-2-3 所示。

表 2-2-3 我国比较著名的溶洞资源分布

省（自治区、直辖市）	洞资源
北京	房山石花洞
重庆	武隆芙蓉洞
河北	临城溶洞
浙江	桐庐瑶琳仙境
贵州	安顺龙宫
广西	桂林七星岩、芦笛岩、荔浦丰鱼岩、桂林冠岩
辽宁	本溪水洞

（四）沙漠资源

在我国广袤的国土面积中，沙漠分布较广，共计约 70 万平方千米，沙漠的存在虽然给一些地区人们的生产生活带来了不便，但也促进了沙漠地区沙漠旅游业的发展，对于一些热衷于自我挑战与探险的体育旅游者来说，沙漠徒步、沙漠探险无疑是非常好的体育旅游项目和活动选择。我国已经被开发的具有体育旅游价值的沙漠资源如表 2-2-4 所示。

表 2-2-4　我国已被开发的沙漠旅游资源分布

地区	沙漠旅游资源
甘肃	敦煌玉门关、阳关沙漠
新疆	塔里木盆地塔克拉玛干沙漠
内蒙古	科尔沁沙地、巴丹吉林沙漠、库布齐沙漠、包头响沙湾
陕西	榆林沙漠（沿古长城）
宁夏	中卫沙坡头

（五）生物资源

我国幅员广阔，地形复杂，气候多样，动植物具有多样性的特点。经调查，我国境内有种子植物 300 个科，2 980 个属，24 600 个种，生物资源非常丰富。我国先后设立了多个自然保护区，这些自然保护区的建立与建设不仅保护了我国丰富的生物资源，也有助于人们来此开展丰富多彩的体育健身、体育旅游活动。

我国主要自然保护区如表 2-2-5 所示。

表 2-2-5　我国著名的自然保护区分布

地区	自然保护区
黑龙江	齐齐哈尔市东南的扎龙自然保护区
辽宁	旅顺口西北约 20 千米的渤海中的蛇岛
吉林	纳入联合国教科文组织世界生物圈保护区网络的长白山
福建	鸳鸯溪、武夷山自然保护区
云南	大理蝴蝶泉、西双版纳自然保护区
湖南	张家界国家森林公园
四川	卧龙和鼎湖山自然保护区
江西与青海	鸟岛
海南	琼山区的东寨港自然保护区

新时期，我国重视体育事业的发展，重视人民群众健康水平的提高，因此我国依托丰富的体育旅游资源建设了多个旅游示范点、旅游区、森林公园，为广大人民群众的日常体育健身活动和体育旅游活动的开展奠定了良好的体育环境与物质条件基础。

二、我国体育旅游人文资源分布

（一）大型体育赛事活动

近年来，我国体育事业获得了较快的发展，群众的体育意识不断增强，体育参与热情高涨，社会大众对体育运动的关注在收看体育赛事方面表现明显，我国体育赛事创收为我国国民经济的发展贡献了相当一部分力量。因此，作为吸引体育运动爱好者的大型体育赛事也是一种非常重要的体育旅游资源。

这里重点就我国 2008 年北京奥运会的体育旅游情况及 2022 年冬奥会对体育旅游发展的促进情况进行简单介绍，以解析体育赛事资源作为体育旅游资源的重要作用。

2008 年，我国成功举办了令世人瞩目的第 29 届夏季奥运会，因为这场赛事，外地来北京的游客、境外来我国的游客，与往年相比都大大增多。2022 年，我国举办北京—张家口冬奥会，冰雪体育旅游人数也随之不断增多，我国北方地区具有丰富的冰雪旅游资源，冰雪文化节的旅游人数逐年在增长，我国南方地区也开始出现一些室内的滑雪场，2022 年冬奥会的举办产生了新一轮的冰雪旅游热潮。

（二）民族体育文化与项目

我国少数民族众多，不同的民族在其长期的发展过程中形成了丰富的民族体育文化。我国丰富多彩的民族传统体育项目与各民族的民族风情、地域风光为我国各民族人民开展民族体育旅游奠定了文化资源基础。

第三节　体育旅游资源要素的开发与整合

一、体育旅游资源开发的内容

体育旅游资源开发是一项综合性和全面性的工作，一般认为它的主要内容如下。

（1）开发和挖掘体育旅游资源的价值和功能。

（2）景点的规划与设计。

（3）交通与通信的可进入性。

（4）体育设施与旅游设施。

（5）培训专业的服务人员等。

体育旅游资源的具体开发内容如图 2-3-1 所示。

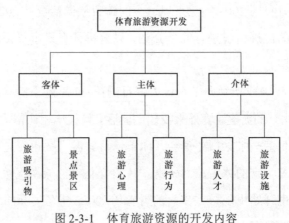

图 2-3-1　体育旅游资源的开发内容

二、体育旅游资源开发的原则

（一）系统性原则

体育旅游资源开发将涉及此后该旅游资源的发展后劲，因此是一项全面的、系统性的工作，它所涉及的方面、问题较多，在体育旅游资源开发的过程中，必须做到系统全面。

综合来看，对体育旅游资源的系统规划一般涉及以下四个方面。

（1）体育旅游资源的数量、质量、特点、区位。

（2）体育旅游资源与其他因素的协调一致。

（3）体育旅游资源的市场大小，确定投资规模与力度。

（4）体育旅游资源的利益、可持续发展与利用的价值。

总之，在体育旅游资源的开发过程中，开发者应始终坚持系统性原则，进行总体规划，避免决策失误。

（二）突出性原则

一个地区与其他地区相比对体育旅游者更具有吸引力，一定有其与众不同的突出特点。

在体育旅游资源的开发过程中，不仅要对本地区的体育旅游资源进行深入分析，也要对其他地区的体育旅游资源进行整体的把握，从众多体育旅游资源中找出不同地区的体育旅游资源的相同点与不同点，如此在体育旅游资源的开发过程中才能有针对性地抓住体育旅游资源的特色，进而突出这个特色，通过这种"与众不同"来吸引体育旅游者的旅游动机。

在一个地区的体育旅游资源开发过程中，要抓住本地区的体育旅游资源的综合优势，反映区域特色，突出优越性，体现"人无我有，人有我优"。

（三）针对性原则

开发体育旅游资源应做到有针对性，对具体的体育旅游资源的开发要突出特点、符合实际，不能盲目地去照搬其他地区体育旅游资源的开发经验，任何与本地区的具体体育旅游资源不相符的开发方式与方法，都有可能在体育旅游资源的开发过程中造成资源本身以及人力、物力、财力的浪费。

在开发体育旅游资源的过程中，针对性表现在两个方面：一方面，要针对具体体育旅游资源制订具体的开发方案；另一方面，针对当下的体育旅游市场有针对性地开发那些适应当前市场发展的体育旅游资源。开发者要有市场意识，根据具体资源的基本条件，考虑可能产生的市场反应，并考虑该体育旅游资源对当前和未来市场的适应。

此外，开发大众化体育旅游资源，要有针对性地去考虑一般体育旅游者的能力。

（四）效益性原则

体育旅游资源开发是一个系统性的且要不断投入物力、人力、财力的过程，这种投资并不是公益性的、无偿性的，必然要求一定的效益回报，具体包括以下三方面的效益。

（1）经济效益是体育旅游资源开发的一个最重要的目的，对于体育旅游市场中的市场主体来说，无论是个人还是集体，投入一定的资本，通过实施科学化的开发、经营、管理，主要目的都在于获得一定的经济收入。如果没有经济效益实现，那么就没有持续进行体育旅游资源开发的资本投入，体育旅游资源的开发很可能就变成是一次性行为，这对体育旅游资源的保护与管理也是极为不利的。当然，体育旅游资源开发不能过度功利化，在注重体育旅游资源经济效益实现的同时，要关注社会效益、环境效益。

（2）社会效益是体育旅游资源开发应该重点考虑的一个问题，一个地区的体育旅游资源的开发不仅要促进当地的经济发展，还要促进当地的社会文化发展。

（3）环境效益在体育旅游资源的开发过程中是必不可少的一项重要效益，体育旅游资源之所以对人具有吸引力，在很大程度上是因为其天生自然、不可再生，应把旅游资源视为一种人类共有的极其稀缺的资源，自然环境是很多体育旅游资源赖以生存的必要基础，保护环境应在体育旅游资源开发中得到重视。

（五）环保性原则

体育旅游资源的开发，其最终目的就是将其合理地利用，并发挥出应有的功效。对于一些开发的旅游资源来说，开发的本身就意味着一定程度的"破坏"。

体育旅游资源的开发在遵循自然规律的基础上进行合理的保护是体育旅游项目的生存根本。

在开发体育旅游资源的过程中，能否处理好保护与利用的关系尤为重要，没有开发的保护是没有根基的保护，没有保护的开发是不可持续的开发。体育旅游资源无论是依据自然资源而形成，还是依据人文资源而形成，都要尽量保留原始风貌，突出体育与自然、人文相结合，用发展的眼光去看待体育旅游资源的开发与发展，避免开发中的破坏。

在内容建设上，体育旅游资源的保护利用原则主要有以下两方面的要求。

（1）对于资源价值结构的景观项目，要合理地控制并加以改变，仅仅将目标放在附属设施投资上，在改变旅游资源的可进入性的过程中一些不当建设可导致环境破坏，应予以重视，要以不破坏旅游资源的审美与愉悦价值为前提。

（2）在对体育旅游资源与旅游景观进行有限的开发时，也要注重其内涵、形式与资源的整体协调。

体育旅游资源的科学化开发应以"防"为主，以"治"为辅，"防""治"结合。

一方面，要大力防范人为破坏。在体育旅游资源开发过程中，要时刻注重观察，及时发现问题，找到人为破坏体育旅游资源的根本原因，加强体育旅游资源开发者的保护意识，提高旅游者素质。对开发和建设的决策者、旅游业的经营者、当地居民加强宣传，只有所有人都意识到自然资源与人类文化遗产的重要性，了解人类生存与自然的关系时，才能从根本上做到对体育旅游资源的保护。

另一方面，要充分运用法律、行政、经济和技术等方面的手段来加强对体育旅游资源的管理和保护。对于因自然原因而可能带来的危害，采取必要措施进行预防。因条件限制不宜采取类似措施的旅游资源，及早治理。

三、体育旅游资源整合的策略

（一）统筹规划、系统设计

我国体育旅游资源丰富，要想促进体育旅游的长期、可持续发展，应重视体育旅游资源的综合开发与高效利用。做到体育旅游资源整合的统筹规划，形成一定的体育旅游项目开发的密集度，并和相邻地区合作，建立区域优势。

体育旅游产业具有很强的产业关联性和依托性，需要政府与行业协会等相关部门和组织的统筹规划、共同管理，政府体育部门和旅游部门应全面考虑，不能只抓一方面。

政府应做好以下工作。

（1）调查体育旅游资源所在地区生态环境，制定环保相关法律法规。

（2）合理布局本地资源开发和产业发展，促进体育旅游产业与环保协调发展。

（3）针对重要资源开发和重大项目建设，严格进行环境影响评价，及时跟进、重视检查验收。

（4）落实资源开发与项目建设环保追责。

各级专业部门应做好如下工作。

（1）重视生态环境治理和恢复。

（2）防止土地荒漠化和水土流失。

（3）做好水资源开发，确保群众生态用水。

（4）禁止破坏草场、植被。

（5）发展一批生态保护区。

（6）加强基础设施建设与生态环境保护监督管理。

体育旅游部门应做好以下工作。

（1）制定体育旅游自然生态环境保护条例。

（2）做好体育旅游资源开发各环节的监督工作，确保每一个开发环节都规范化操作。

（二）政府主导、市场导向

对于某一个地区或者是从全国范围来看，要做到体育旅游资源的整合开发、整合营销，政府在这一过程中发挥着非常重要的作用，也要重视市场的导向作用。

具体来说，要整合多种体育旅游资源，实现体育旅游资源的综合性开发与效益整合，政府应有必要做好前期投入、配套设施建设，重视政府在相关体育资源开发和体育旅游项目建设方面的扶持与培育工作。政府应该为西部体育旅游产品的开发作出以下努力。

（1）培育市场体系，规范企业行为和市场秩序，为从事体育旅游的企业提供公共服务。

（2）加强旅游宣传，激活体育旅游市场。

（3）培养专业体育旅游业各类人才。

（4）做好资源普查，系统规划，监督实施。

必须指出的是，政府在体育旅游资源整合过程中的主导作用是宏观的，体育旅游资源的整合是否有效合理还需要市场的检验，即必须符合市场经济规律，以市场为导向。

（三）突出特色、打造精品

体育旅游资源的整合应突出整合优势，突出特色，打造精品体育旅游文化区、精品体育旅游文化路线、精品体育旅游项目，彰显"人无我有，人有我优，人优我精"的特点。

体育旅游资源的开发与整合要突出特色，打造精品，应做好以下工作。

（1）全面调查分析，了解各类体育资源的优势，找准本地区同类或者互补的体育旅游资源区别于其他旅游资源的优势所在，保证特色的确立、持续与发扬。

（2）重视联动。重视体育旅游资源开发的联动效应，发挥体育旅游资源规模优势。

（3）拉动市场需求。在借助体育旅游资源群体效益的同时，突出其中的一两种体育旅游资源的开发主导，通过主推体育旅游资源打出市场知名度以后，再逐渐加入其他相关体育旅游资源的营销，在规模的基础上形成市场影响力。

（4）重视多种体育旅游资源整合在一起开发、管理、营销的科学化与可持续化发展。

（5）重视体育旅游资源与其他资源的整合，注重体育旅游产业与其他相关产业的联合发展。

第三章　我国体育旅游产业发展的影响因素

任何行业的发展都受到一定社会文化背景的影响，其生产活动也不可避免地与所在地社会文化环境因素相互作用。这种社会文化环境囊括了居民的受教育水平、消费习惯、价值取向等内容。深入理解与剖析社会文化环境对于制定产业发展策略具有举足轻重的意义，它能够为产业发展指明方向，确保其与当地文化发展脉络相契合。本章介绍了我国体育旅游产业发展的影响因素，包含我国体育旅游产业发展的影响因素分析、影响我国体育旅游产业发展的社会政策环境和影响我国体育旅游业发展的参与人群三个方面的内容。

第一节　我国体育旅游产业发展的影响因素分析

我国体育旅游产业的发展受到了多种因素的影响，这些因素共同作用，推动或制约着体育旅游产业的繁荣与进步。影响因素主要包括体育旅游市场和体育旅游市场消费者两种，本节将对这两种因素进行分析。

一、体育旅游市场分析

（一）我国体育旅游产业的市场供给不足

我国现行的以自然条件为依托的体育旅游模式，已经难以满足人们日益增长的体育旅游需求。目前，观赏型与体验型体育旅游发展迟缓，且呈现出发展不平衡的趋势，这使得大多数游客的旅游体验只能停留在观赏的层面，缺乏足够的互动与参与。例如，尽管哈尔滨市的冰雪体育旅游活动已较为成熟，但整体上，可供大众自由选择的体育旅游项目仍然较少。城市中的常见体育健身项目多以技术性运动为主，如羽毛球、网球等，而真正能激发大众兴趣、让普通人轻松参与的体育活动却寥寥无几，这无疑是一个亟待解决的难题。

（二）我国体育旅游产业链尚未形成

体育旅游所涉及的六大核心要素——出行、游览、住宿、餐饮、购物和娱乐——在实际发展过程中表现出明显的不均衡性和不配套性。在某些地区，体育旅游的发展往往只强调了其中的某一个或几个要素，而忽视了其他要素的重要性。例如，有些地方可能只注重体育赛事或活动的举办，而忽略了游客在住宿、餐饮等方面的体验，导致整个体育旅游产业链条的不完整。此外，体育旅游产业有时被孤立地运营，没有与其他相关产业形成有效的联动和整合，从而忽视了体育旅游六要素与整个体育旅游产业与其他产业之间的紧密关联性。这种孤立的运营模式阻碍了行业间及部门间的有效互动，致使体育旅游与相关产业间未能构建起协同合作、互利共赢的机制。这种缺乏合作的状态严重制约了体育旅游总体效益的提升，对产业的持续健康发展造成了不良影响。

另外，由于体制上的限制，目前各地尚未普遍设立专门机构，因此体育旅游产业链也缺乏全面协调和统一管理，这无疑加剧了行业发展的不平衡性。这种缺乏专门管理机构的现状，使得体育旅游产业链中的各个行业难以形成统一的发展战略和协调一致的行动，进一步加剧了体育旅游发展中的不均衡和不配套问题。因此，为了推动体育旅游产业的全面发展，需要建立专门的管理机构，加强行业间的协调与合作，形成一个综合性的体育旅游发展体系。

（三）我国体育旅游产业旅游者与旅游目的地居民存在矛盾

我国旅游业的综合发展存在诸多问题，严重影响了旅游者与旅游目的地居民之间的和谐关系。例如，旅游目的地的虚假宣传和售卖假冒伪劣旅游产品等行为，令游客对旅游目的地的印象大打折扣，导致当地的旅游品牌难以建立。同时，游客在旅游过程中缺乏对当地习俗与传统的尊重，肆意破坏动植物环境及人文自然资源的现象屡见不鲜，导致双方难以互相信任。这不仅影响了游客与当地居民的友好交往，更在某种程度上阻碍了旅游文化的健康发展及道德建设的推进。

二、体育旅游市场消费者分析

（一）国民受教育状况

在 1986 年，我国正式颁布了《中华人民共和国义务教育法》，这一法律文件为提升我国国民的科学文化素质奠定了坚实基础。该法律的实施，确保了每个孩子都有接受基础教育的权利，极大地推动了我国教育事业的发展。紧接着，在 1993 年，国家又颁布了《中国教育改革和发展纲要》，这份纲领性文件进一步明确了我国基础教育的发展方向和基本方针，为我国教育事业的长远发展指明了方向。这份纲要强调了教育改革的重要性，提出了许多创新的教育理念和方法，为我国教育事业的现代化奠定了基础。

到 1999 年，国家再次颁布了《关于深化教育改革全面推进素质教育的决定》，这份文件进一步推动了我国教育改革的深化。它强调了素质教育的重要性，提出要全面提高学生的综合素质，培养学生的创新能力和实践能力。这一决定的实施，使得我国教育更加注重学生的全面发展，不再仅仅局限于书本知识的灌输。

进入 21 世纪，我国教育事业继续向前发展。2010 年 5 月 5 日，《国家中长期教育改革和发展规划纲要（2010—2020 年）》经过严格的审核程序，正式通过。这份纲要为我国教育改革和发展提供了长期的规划和指导，明确了我国教育事业的发展目标和任务。它强调了教育公平、质量提升和创新能力的培养，为我国教育事业的持续发展提供了坚实的保障。这份纲要的实施，将为我国培养出更多高素质的人才，为国家的繁荣和发展做出更大的贡献。

随着高等教育的蓬勃发展，使得在校生人数也迅速攀升。这一发展态势为国民科学文化素养的提升奠定了坚实的基础。1949 年，我国的高等教育发展得并不成熟，仅有普通高校 20 所，在校学生人数不过 11.67 万人。然而，到了 2023 年，全国高校总数达 307 所，学生人数更是增长到 4 763.19 万人。这一巨大变化不仅体现了国民整体素质的提升，教育的发展还深刻影响了国民的价值观念，他们对商品的需求也发生了翻天覆地的变化。各产业在积极响应这种变革的同时，也应不断地调整、融合与创新。

（二）价值观念

价值观念是人们内心深处的一种信念体系，它以心理追求的形式呈现，是人们对社会生活各种事物的态度和观点。从微观视角出发，它如同一盏明灯，指引着人们的行动方向，成为人们评价一个事物的标准，并激发着人们的情感。它是构成个人生活观念的关键要素，无时无刻不在影响着个人的行为和决策。从宏观视角出发，它构成了社会文化体系的核心，规范着社会的价值判断。这种价值观的判断标准，既为人们提供了指导，又通过社会环境的熏陶被个人所接受并内化，形成他们独特的行为准则。

健康观念的普及和增强使得越来越多的人认识到体育运动对身体健康的重要性。传统的旅游方式，诸如观光和购物，逐渐难以满足现代人对于健康生活的需求。体育旅游，通过参与各种运动项目，如徒步旅行、滑雪、潜水等，既能促进身体健康，又能满足人们对新奇体验的渴望，因而受到越来越多消费者的青睐。

个人价值实现和自我挑战成为现代人追求的重要目标。现代社会倡导个性化和自我实现，体育旅游恰好提供了极好的平台。通过参与具有挑战性的体育活动，如极限运动、马拉松、登山等，旅游者不仅能够体验到成就感，还能在社交媒体上分享自己的经历，获得认同和赞赏。这种自我表达和社会认同的需求，推动了体育旅游市场的快速增长。

生态环境保护意识的增强也对体育旅游产生了重要影响。现代人越来越重视自然环境的保护，追求可持续的旅游方式。体育旅游，特别是那些依赖自然资源的项目，如徒步、骑行、野营等，往往强调与自然的和谐共存。这种与自然亲密接触的旅游方式，不仅满足了人们的生态环保需求，也促进了环保教育和意识的提升。

家庭和社会关系的变化也在影响着体育旅游的消费模式。现代家庭结构和社会关系的变化，使得家庭成员之间的互动和共同体验变得尤为重要。家庭体育旅游，如全家一起去滑雪、徒步或参加马拉松活动，不仅增进了家庭成员之间的情感联系，还为子女树立了积极健康的生活榜样。

随着文化自信的增强和国民经济实力的提升，人们对于具有中国特色的体育旅游项目也表现出浓厚的兴趣。传统的少数民族体育活动，诸如龙舟竞渡、民族摔跤等，逐渐成为吸引国内外游客的重要内容。这种文化自信不仅丰富了体育旅游的内容，也推动了传统文化的传承和发展。

（三）消费习惯

在漫长的经济与社会发展过程中，人们逐渐塑造出独特的消费方式与行为模式，这便是人们的消费习惯，这些习惯反映了个人或群体在选择和使用商品及服务时的偏好和倾向。由于每个人的背景、经历和价值观不同，人们的消费习惯也会呈现出多样化的特点。这种多样性导致了市场上对商品和服务的不同需求，进而影响了生产和供应的决策。自 1996 年起，我国经济市场发生了显著的变化，从传统的卖方市场转变为买方市场。这一转变标志着消费者在市场中的地位显著提升，他们的需求开始成为推动经济发展的主要力量。市场上消费需求的增长导致了商品供不应求的现象，这成为消费领域发生巨变的重要原因。消费结构随之升级，展现出一种高层次、多元化的趋势，这意味着消费者越来越倾向于购买更高品质、更高附加值的商品和服务。恩格尔系数是衡量家庭食品支出占总支出比例的一个经济指标，它反映了家庭的生活水平和消费结构。在我国，恩格尔系数连续下降，表明居民的生活水平不断提高，食品支出在总支出中的比重逐渐减少，而其他非食品类的消费支出则相应增加。这一变化不仅反映了经济的发展，也揭示了人们消费观念的更新，信用消费的快速兴起是近年来我国消费市场的一大亮点。随着金融市场的不断发展和完善，越来越多的消费者开始利用信贷工具进行消费，这不仅改变了传统的消费模式，也增强了居民的消费心理预期。人们不再仅仅依赖于现有的收入进行消费，而是通过信用工具提前实现消费需求，这在一定程度上刺激了消费市场的繁荣。随着经济的持续发展，人们的消费观念也在不断更新。自给自足和节制消费的传统观念逐渐淡化，取而代之的是更加开放和多元的消费理念。消费者越来越注重生活品质和个性化需求，追求更加丰富多彩的生活方式。这种变化不仅体现在物质消费上，也体现在精神文化消费上，人们开始更加注重精神层面的满足和自我实现。

第二节　影响我国体育旅游产业发展的社会政策环境

　　体育旅游产业的繁荣发展离不开良好的外部政策环境的构建。政策的制定需要秉持社会化原则，政府与社会携手，以激励各行业、团体及个人对体育旅游产业的发展作出贡献。这一过程需要充分调动和发挥各方力量，使体育旅游产业的功能和作用得以充分发挥。产权关系需明确，遵循"谁投资，谁所有，谁受益"的原则，推动体育旅游经营主体向自主经营、自负盈亏的方向稳步前进，以适应社会发展的多元需求。同时，发展体育旅游需与我国经济和社会的进步相协调，与社会主义市场经济的体系相融合。应坚持以服务人民为宗旨，将社会效益与经济效益相结合，并以社会效益为首要考量标准。因地制宜的策略同样重要，各地区可根据自身特色和实际情况，制定具有地方特色的政策，使其更具针对性，发挥出应有的作用。

一、政策环境对体育旅游产业的影响

（一）税收政策对体育旅游产业的影响

税收政策的调整可以精准地调控消费与储蓄之间的比例，改变消费与储蓄的比较利益，并深刻影响着个人的储蓄倾向和消费欲望，从而决定纳税人在旅游投资方面的选择。因此这一选择在微观层面影响了旅游消费需求与旅游投资需求的比例，最终在宏观层面塑造了旅游经济的发展态势。首先，税收的不公平性对体育旅游产业造成了显著的冲击。我国在旅游行业的税收扶持力度相对有限，导致旅游行业整体的税负偏高。尤其是住宿、交通、饭店等子行业间的税负不公，使得企业负担参差不齐。这不仅直接影响了企业的盈利能力和市场竞争力，还在更广泛的层面上导致了体育旅游经济的不平衡发展。其次，税收的征管力度对旅游经济的影响不容小觑。依法征管的水平与程度，对于营造一个健康、公正的旅游经济发展环境和市场竞争环境至关重要。一个科学且严密的征管过程，不仅能够确保应收税费的及时征收，更能发挥税收在推动旅游经济发展中的调控作用。再者，税收的地域性差异为各地区旅游经济带来了特殊的机遇与挑战。不同地区根据自身情况实施差异化的税收政策，旨在促进当地旅游经济的繁荣发展。这种合理的地域性税收政策差异，既是对市场调节的补充，也是政府与市场共同作用的体现，对于保持发达地区旅游经济的持续增长、推动落后地区旅游经济的发展及实现区域旅游经济的协调发展具有重要意义。最后，税收政策的变化深刻影响着旅游产业的成本构成和消费结构。每一次税收政策的调整都会对旅游企业的成本和产品附加值产生影响，进而波及整个旅游产业的结构调整。有助于促使旅游产业从资源消耗大、污染严重、附加值低的领域，逐步向资源节约、环保、技术含量高和附加值高的领域转移。

（二）社会保障体制对体育旅游产业的影响

我国已经基本建成了一个以"三大险"（养老保险、医疗保险和失业保险）和"两小险"（工伤保险和生育保险）为核心的相对完善的社会保障制度。具体的社会保障制度内容为：（1）社会保险，主要包括养老保险、医疗保险、失业保险、工伤保险和生育保险，是国家通过法律强制实施，为劳动者在年老、疾病、失业等情况下提供帮助的制度；（2）社会救济，政府通过财政拨款对生活在基本生活水平以下的贫困居民给予的基本生活保障；（3）社会福利，政府为社会成员举办的各种公益性事业及各类残疾人、生活无保障人员提供生活保障的事业；（4）社会优抚安置，政府对军属、烈属、复员转业军人、伤残军人进行的优待抚恤制度；（5）住房保障制度，政府对低收入人群免费提供廉租房或者给予购房补贴的制度。

社会保障制度对于体育旅游经济的繁荣发展起着至关重要的作用。首先，这一制度为民众的经济生活提供了坚实的保障，消除了他们的后顾之忧，激发了人们的劳动热情，增强了他们面对经济风险的处理能力与必胜决心，从而有效推动了消费市场的活力。其次，社会保障制度犹如经济发展的"稳定器"，不仅拥有自我调节的功能，还能缓解经济波动现象，使供求关系更加稳定。在经济低迷时期，政府会通过增加社会保障福利支出，确保居民消费不会因经济萎缩而大幅度下滑。而在经济繁荣时，政府会适当减少社会保障支出，以控制居民实际收入的增长，防止过度消费引发的经济过热。此外，社会保障制度在投资与融资方面发挥了重要的调节作用，将社会保障资金与国家经济发展战略和目标紧密结合。相较于私人短期、低效的投资，社会保障资金具有更长远的目标和更高的效率。更重要的是，社会保障制度可以通过税收、转移支付等手段，调节各阶层、各地区之间的贫富差距，实现公平与效率的和谐统一。这不仅能够维护社会稳定，更为经济发展创造了和谐、有序的环境。通过这些措施，社会保障制度不仅直接影响了体育旅游经济的发展，更在深层次上推动了社会的和谐进步与经济的持续繁荣。

二、现行价格体制对体育旅游产业的影响

我国基本价格制度《中华人民共和国价格法》（以下简称《价格法》）明确规定我国的基本价格制度是："实行并逐步完善宏观经济调控下主要由市场形成价格的机制。"在社会主义市场经济体制中，市场定价机制占据核心地位。价格并非由一方单独决定，而是需要回归到市场交换的动态过程中，通过激烈的市场竞争自然形成。绝大多数商品和服务的价格都是经营者之间、消费者之间及经营者与消费者之间互相竞争的结果，这种定价方式不仅体现了市场的活力，也确保了价格的公正与合理性。

在市场竞争激烈的大环境下，尽管某些经营者看似在形式上掌握着定价权，但实际上他们在定价时仍然被市场所左右。任何单独的经营者都无法独立自主地决定市场的价格走向，他们必须接受由市场供求关系所决定的价格，并以此为参照来调整自己的生产经营策略。这种调整不仅关乎企业自身的生存与发展，更会引发生产要素在不同部门和商品之间的合理流动。然而，市场形成的价格并非完美无缺，有时会带有一定的盲目性和滞后性。因此，国家在此时发挥着宏观调控的重要作用。它以控制整体价格水平为重点，主要通过调节供求总量来实现这一目标。对于微观层面的具体价格，国家除对极少数商品进行直接管理外，大部分价格则通过平衡宏观总量、调节商品供求、发展市场等多重手段进行间接影响。根据《价格法》的规定，我国实行三种价格形成形式：市场调节价、政府指导价以及政府定价。其中，市场调节价在价格机制中占据主导地位，由经营者根据市场状况自主制订。政府指导价则是由相关政府部门设定基准价及其浮动范围，引导经营者定价。而政府定价则更加严格，由政府部门根据定价权限和范围直接制订价格。如此一

来，既保证了市场的活力，又确保了价格的合理性与稳定性，为经济的健康发展提供了坚实的保障。

构建体育旅游产业市场价格体系的合理框架，首要任务是完善并细化体育旅游市场价格的法律法规体系。依据《价格法》等核心法规，对市场内存在的价格形成行为进行规范化约束。对于那些缺乏明确法律约束的领域，应迅速出台具有针对性的政策文件，以维护市场秩序。其次，政府需要适度介入体育旅游市场进行价格调控。鉴于当前价格体制仍存在不足之处，政府的监管和指导是必要的。这不仅可以弥补市场机制的缺陷，还能为旅游企业创造公平竞争的环境。此外，企业应摒弃单纯的价格竞争策略，转而实施差异化竞争模式。品牌建设是差异化竞争的关键，通过独特品牌形象的塑造，企业可以在市场中脱颖而出。同时，要加强对消费者的教育，引导其形成理性消费观念。提供全面的产品信息，帮助消费者识别产品价值，避免因低价诱惑而产生的非理性消费行为。此外，建立消费者监督机制，对市场价格进行实时监控，确保价格体系的健康运行。

第三节　影响我国体育旅游业发展的参与人群

影响我国体育旅游业发展参与人群的主要因素有以下五类。

一、年龄因素

在不同的年龄阶段，人们会展现出各自独特的心理特征和行为特征，这些差异性在很大程度上影响着他们在体育旅游活动中的选择和参与度。年龄层次因此成了一个重要的因素，它在很大程度上决定了个体在体育旅游市场中的行为模式。

具体来说，中青年群体由于体力充沛、经济条件相对宽裕，并且具有强烈的求新求奇心理，往往更倾向于参与各种体育旅游活动。他们追求刺激、新鲜的体验，希望通过体育旅游来丰富自己的生活经历。因此，中青年群体成为我国体育旅游市场的主力军，他们的参与度和消费能力在很大程度上推动了体育旅游产业的发展。

另外，老年人群体则有着不同的需求和动机。他们往往出于延年益寿、强身健体的心理和生理需要，对那些能够提供健康益处的体育旅游项目表现出较大的兴趣。因此，健身类体育旅游项目和短线的旅游项目在老年人群体中有着较高的需求。这些项目通常具有较低的强度和较高的安全性，能够满足老年人在保持活力和社交需求的同时，确保他们的健康和安全。

二、性别因素

在现代社会中，不同性别的个体在生理特征、心理需求、社会角色扮演以及消费行为等多个方面表现出显著的差异。具体来说，男性往往更倾向于参与那些具有强烈刺激性和新颖性的体育活动，如极限运动和高强度竞技项目。这些活动往往能够满足他们对冒险和挑战的渴望，同时也符合男性在社会文化中被期望展现的阳刚之气。

相比之下，女性则更倾向于选择那些兼具时尚性和娱乐性的体育旅游项目。她们在选择体育活动时，往往更加注重活动的审美价值和休闲娱乐功能。例如，瑜伽、普拉提和舞蹈课程等，这些活动不仅能够帮助她们保持身体健康，还能提供放松和愉悦的体验。

然而，随着社会的不断进步和传统家庭观念的逐渐改变，女性的受教育程度、经济条件和社会地位都有了很大的提升。越来越多的女性接受高等教育，拥有稳定的经济来源，并在职场和社会中占据重要地位。这些变化使得女性在体育旅游领域的参与度显著提高，她们不再满足于传统的家庭角色，而是更加追求个人发展和自我实现。

因此，针对女性需求的体育旅游市场具有巨大的开发潜力。旅游和体育企业可以针对女性的特定需求，设计和推广更多符合她们审美和兴趣的体育旅游产品。例如，结合时尚元素的健身度假村、注重身心平衡的瑜伽旅游团以及充满娱乐性的舞蹈工作坊等。通过满足女性在体育旅游中的多样化需求，企业不仅能够开拓新的市场，还能为女性提供更多实现自我价值的机会。

三、受教育程度因素

一个人在认知、社交及兴趣和品位上的表现，都受其文化修养的深刻影响。尤其在体育旅游领域，文化程度的高低会明显地反映在旅游意愿的强烈程度和旅游体验的深度上。在我国，参与体育旅游的人群中，绝大多数人拥有高中及中专学历，这充分体现了教育对人们旅游行为的重要推动作用。随着知识的积累，人们对于探索世界、体验不同文化的渴望也会随之增强，从而对其旅游行为产生积极的影响。受教育程度的提升不仅促进了人们参与体育旅游的积极性，还深刻影响了他们的旅游体验和感受。具有较高文化程度的人，往往对体育旅游有更深入的理解和期待。他们可能更加关注旅游过程中的文化体验、历史探索及自然环境的保护，而不仅是简单的体育活动或休闲放松。

在旅游动机方面，高学历人群可能更多地受到内在需求的驱动，如对未知世界的探索欲、对自我挑战的渴望，以及对文化多样性的追求。他们可能会主动规划旅行路线，选择更具教育意义和个性化的旅游项目，从而获得更加丰富和深刻的旅游体验。

同时，较高的文化程度也意味着更强的学习能力和适应能力。在旅游过程中，受教育程度高的人可能更容易接受新观念、新技能，与不同背景的人建立联系，拓展自己的社交圈。这种跨文化的交流和互动，不仅有助于丰富他们的旅游经历，也能够促进他们的个人成长和全面发展。

因此，可以说，提高受教育程度对于推动体育旅游的发展、提升旅游品质、促进文化交流和社会进步都具有重要的意义。我们应该重视教育的作用，鼓励更多人通过学习和成长来丰富自己的旅游体验和生活质量。

四、职业因素

体育旅游者职业背景的多元化使得他们在经济收入和闲暇时间分配上存在差异，这种差异进一步塑造了他们在旅游消费和决策方面的不同倾向。具体来看，机关工作人员、外企员工、个体经营者和学生群体是体育旅游的主要参与者，而农民群体的参与度相对较低。这种职业构成的多样性反映了体育旅游参与程度的差异，并直接影响了游客的消费习惯和选择。因此，理解这些差异对于促进体育旅游市场的发展至关重要。例如，机关工作人员和外企员工通常享有较为稳定的收入和相对固定的休假时间，这使得他们在选择体育旅游时有更多的经济支持和时间保障。因此，他们更倾向于选择高端的体育旅游项目，如高尔夫球、滑雪等，以满足他们对高品质生活的追求。而个体经营者虽然在时间安排上相对灵活，但经济收入的波动性较大，因此他们在选择体育旅游时可能会更加注重性价比，选择一些性价比较高的旅游项目。学生群体则由于经济条件有限，但时间相对充裕，因此他们更倾向于选择一些价格低廉且具有挑战性的体育旅游活动，如徒步、登山等。相比之下，农民由于经济收入相对较低且工作时间不固定，参与体育旅游的机会较少，即使参与也多选择一些低成本的活动，如乡村体育活动等。因此，可以看出，体育旅游者的职业背景在很大程度上决定了他们在体育旅游中的参与程度和选择偏好。

五、经济收入因素

经济学理论指出，个人收入在很大程度上决定了消费者的购买力和需求水平。具体来说，一个人的收入越高，其消费需求和购买力通常也会相应提高。这是因为收入水平直接影响着个人的经济状况和可支配资金，从而决定他们能够消费的商品和服务的种类和数量。因此，收入的高低在很大程度上决定了消费者的支出结构和消费需求。

在当今社会，中等收入及中等以上收入的人群在我国体育旅游市场中占据了重要的地位。这部分人群通常具有较高的消费能力和较强的需求意愿，因此成为体育旅游市场的主要客源主体。由于他们的收入水平较高，他们更倾向于追求高品质的生活方式，包括参与各种体育活动和旅游体验。因此，体育旅游市场的价格策略往往以这部分人群的收入水平为参考，以确保价格的合理性和市场的竞争力。

为了满足中等收入及中等以上收入人群的需求，体育旅游市场会提供多样化的服务和产品，如高端体育赛事的门票、专业体育培训课程、定制化的旅游体验等。这些服务和产品不仅能够满足他们的消费需求，还能提供独特的体验和享受。因此，体育旅游市场的价格制定必须考虑到这部分人群的支付能力和消费心理，以确保市场的稳定发展和客户的满意度。

第四章　体育旅游产业的
高质量发展研究

本章介绍了体育旅游产业的高质量发展研究，包含体育旅游产业高质量发展的产业集群研究和体育旅游产业高质量发展的产业竞争力研究两方面内容。

第一节　体育旅游产业高质量发展的产业集群研究

一、产业集群与体育旅游产业集群

（一）产业集群

所谓产业集群，是指大量联系密切的企业以及相关支撑机构在一定地域范围内的集聚。产业集群在产业发展中可以发挥整合优势，进而提高产业集群整体的竞争实力。

（二）体育旅游产业集群

结合产业集群的概念，体育旅游产业集群是体育旅游业与其他相关产业构成的产业综合体（见图 4-1-1）。

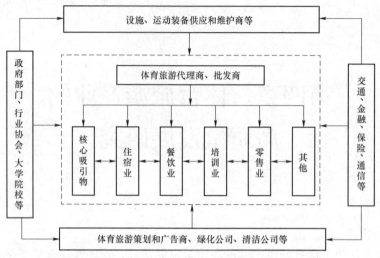

图 4-1-1　体育旅游产业集群结构

在体育旅游产业集群中，各产业、行业构成分析如下。

（1）体育旅游核心行业——体育旅游核心吸引物、体育旅游餐饮业、住宿业、代理和销售业、旅游用品、纪念品销售业等。

（2）体育旅游服务行业——金融、交通、通信、保险、政府管理部门、行业协会、大学院校等。

（3）体育旅游相关行业——体育设施、装备的供应商和维修商、体育旅游策划和咨询商、旅游广告和咨询媒体、清洁公司等。

二、体育旅游产业集群的特点

（一）空间聚集性

体育旅游产业集群的核心特征是空间聚集性，各类资源与产业形成自发的地缘性集合。

在我国，体育旅游相关企业与服务机构分布密集，形成明显的集群现象。在体育旅游的发展过程中，环城游憩带、主题公园、著名旅游景点及旅游度假区等地，更是凸显了集群的活力与优势。企业间紧密合作，共同推动着体育旅游产业的蓬勃发展。

（二）功能互补性

产业集群与单个的产业相比，具有集体发展的优势，这种产业集合的优势要远远大于各成员的力量之和。

就体育产业与其他相关产业的发展来看，它们之间相互支持、相互制约，能够实现彼此的协作共赢，体育旅游消费者从外地来到体育旅游目的地，对体育旅游目的地的周边环境和不同体育旅游资源都会有一个标准和需求，而这些多样化的需求仅仅依靠体育旅游产业某一种体育旅游资源是无法全面满足的，不同体育旅游资源一定要能彼此补充，使体育旅游者感受到旅游活动开展的综合性价比，不同体育旅游资源之间的互补是必要的。

体育旅游产业集群各成员存在形式如下。

（1）集群中每名成员提供的产品满足消费者的不同需求，构成需求互补。

（2）企业之间的相互协调促使整个集群的生产力、市场竞争力的提高，为集群内部各产业、企业提供更多市场机会。

（三）经济外部性

体育旅游产业集群的存在，以它们的共同经济目标为基础，体育旅游产业集群首先是地缘上的优势，其次是具有共同的一致对外的经济决策与行动，通过一个集群的综合竞争力去与体育旅游市场中的其他竞争对手进行竞争。体育旅游产业集群经济表现形式包括体育旅游产业集群的范围经济、规模经济、外部经济。

（四）部门专业性

体育旅游业是需要专业的旅游知识和体育知识进行经营管理的一个产业，产业内的各个主体和从业人员应具备一定的专业性知识和技能要求，充分表明了体育旅游业的产品与服务的专业性。

在旅游产业链条中，体育旅游产品与服务的专业度要求极高，因此各企业均专注于生产过程中的特定环节或服务部分。餐饮、旅行社、交通、住宿和零售等行业，均只专注于提供吃、住、行、游、购等某一环节的精细化服务，以确保服务的高品质与专业性。

从产业集群的角度来看，在体育旅游行业内部，各市场主体和企业部门的专业化程度都会从很大程度上影响体育旅游产业集群的发展。

（五）环境共享性

体育旅游产业的多市场主体的聚集，可以在地缘上构成一定的联系，可以促进不同企业、部门或机构在共同的社会环境、经济环境和文化环境中相互依存，彼此之间可形成一个园区，对外作为一个环境整体存在，从而吸引大量的服务供应商和专业人才，在产业集聚前提下，降低使用专业性辅助性服务和信用机制的交易成本，发挥整体价值。

大量的体育旅游产品与服务整合集中在特定区域中，有利于区域产品与服务的影响力的迅速提升，有利于营造适合体育旅游产业集群发展的优良环境，从而形成区域品牌。

三、体育旅游产业集群的模型

（一）钻石模型

迈克尔·波特最早曾在《国家竞争优势》一书中指出，美国的高新技术产业、荷兰的花卉业、英国的保险业、日本的消费电子业等都在国际市场上具有强大竞争力，这些产业之所以会在全球范围内具有竞争优势，就在于它们相互之间构成了一个产业集群，具有聚集优势。

在分析各个国家产业聚集优势和竞争力的基础上，迈克尔·波特提出了产业集群的"钻石模型"。迈克尔·波特认为，一个国家和区域的竞争环境、经济发展水平决定了本国或本地区的生产率、竞争力。生产要素、需求因素、相关与支持产业及企业战略和组织结构是影响企业竞争优势的四个基本要素，机遇与政府是影响企业发展的辅助性因素（见图 4-1-2）。

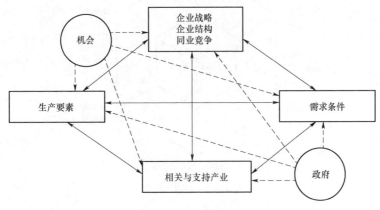

图 4-1-2　钻石模型

（二）GEM 模型

英国学者蒂姆·帕德莫尔（Tim Padmore）和赫维·吉布森（Hervey Gibson）研究改进了迈克尔·波特的"钻石模型"，提出了 GEM 模型，GEM 模型认为影响企业集群竞争力的六大因素可构成不同因素对：因素对Ⅰ、因素对Ⅱ、因素对Ⅲ（图 4-1-3）。

在体育旅游产业集群的 GEM 模型中，不同的因素对所发挥的作用不同。

因素对Ⅰ——基础，产业集群外部向集群内部企业的生产过程提供基础要素，包括资源、设施。

因素对Ⅱ——企业，供应商多样化、低成本、高质量和专业化是产业集群发展的基本要求。产业集群内部相互关联的企业越多，产业集群的综合竞争力就越强。集群内部企业的数量、规模、所有权、财务状况等都会对产业集群的竞争力产生影响。

因素对Ⅲ——市场，市场即需求，具体包括群中企业的需求、中间需求和最终市场需求。产业集群的竞争力会受到本地市场的影响，也会受到省外、国际等外部市场的影响。

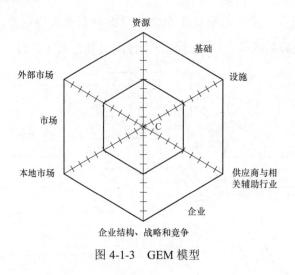

图 4-1-3　GEM 模型

四、体育旅游产业集群构建的策略

（一）提升集群要素竞争力

（1）生产要素方面，要深入挖掘自然与人文体育旅游资源的潜力，积极推动产品的升级换代。不仅要开发观光型和参与型体育旅游产品，更要注重打造体验型和度假型服务，以满足不同游客的需求。

（2）市场方面，要全面了解国内外市场需求和竞争态势，深入研究主要竞争对手的实力，以精准把握市场结构，以此明确自身在市场竞争中的优势和未来发展方向，实现市场占有率的持续提高。

（3）产业方面，要积极推进产业间的协同合作，加强餐饮、住宿、交通等产业的整合开发，以实现产业间的联动效益最大化。构建完整的产业网络体系，扩大经营规模，以推动产业的持续发展和繁荣。

（4）企业方面，开发高水平的人力资源，在技术管理方面积极加以创新。

（5）资金方面，将民营资本引入产业发展中，拓展融资渠道，推动体育旅游产业集群的发展。

（6）政府方面，政府应着眼于集群化发展这一战略，制定相关的扶持政策，给予合理的引导。

（7）抓住机遇，充分利用世博会、奥运会、亚运会等重大活动，利用现实机遇来发展体育旅游产业，营造良好的产业集群氛围。

（二）政府主导、市场调控

新时期，我国社会经济发生了较大转变，经济发展正处于重要的转型期，在这样的社会经济背景下，体育旅游产业集群的形成与发展既离不开政府的支持，也离不开市场的调控。

当前，我国体育旅游产业尚处于萌芽阶段，由于经验不足，该产业以"资源依赖型"为主，多采用"挖掘式"开发方式挖掘体育旅游资源。在旅游产品经营上，多采用"同构式"手段，导致各旅游地的体育旅游产品同质化严重，缺乏独特性，这在一定程度上限制了体育旅游业的进一步发展。

针对当前形势，政府应积极采取宏观调控策略，推动各地区与行业间的合作与协同发展。必须坚决打击企业间的非法竞争与投机行为，以维护体育旅游市场的正常秩序。同时，在开发旅游资源时，要注重在市场竞争中寻找共同点，保持自身特色，并打造独特品牌。这样不仅可以为体育旅游产业的集聚和发展提供一个健康有利的政策环境，也将营造一个繁荣活跃的市场氛围。

（三）壮大集群内各类企业

在体育旅游产业集群中，集群内部各个企业与部门的发展及它们之间的相互关系都会影响整个集群的发展，通过优化体育旅游产业集群内部各个企业的发展竞争优势，可促进整个体育旅游产业集群的竞争优势的提升。

（1）不断扩大体育旅游产业集群内部相关企业（如住宿、交通、餐饮、商品零售等企业）的规模，促进规模经济的形成。

（2）鼓励其他相关企业进入产业集群，积极引导整个区域旅游业之间的分工与协作，协调各企业之间的关系。

（四）品牌带动、品牌聚集

随着当前区域体育旅游经济一体化的趋势在不断加强，企业应转变单独竞争为联合竞争，相关企业共同创建区域体育旅游品牌，实现共赢。

第二节 体育旅游产业高质量发展的产业竞争力研究

一、产业竞争力的内涵

产业竞争力是一种比较竞争力，具体表现如下。

（1）产业竞争力可以是不同市场中的产业比较，如国际产业的比较、国内产业的比较。

（2）产业竞争力可以是不同品类或不同产业间的比较。

（3）就区域经济发展来讲，产业政策环境、经济环境不同，产业竞争力更多的是统一区域（国家或地区）范围内的产业比较。

（4）就国际经济一体化发展来讲，某个国家或地区的产业发展应放在国际大背景下与其他国家和地区的产业进行比较。

（5）产业竞争力是产业发展到一定阶段的必然结果，体育旅游产业是体育产业与旅游产业发展到一定阶段而形成的一种综合产业，在产业内部，产业与其他产业之间都有比较与竞争。

二、体育旅游产业竞争力要素构成

体育旅游产业竞争力要素主要包括生产要素、市场需求要素、关联产业要素、政府行为要素等，各构成要素对体育旅游产业整体竞争力的影响作用不同。对体育旅游产业竞争力的各影响要素具体分析如下。

（一）生产要素

生产要素是影响产业竞争力的一个重要因素，它对产业竞争力的发展起基础作用。

根据迈克尔·波特的"钻石模型"理论，可将体育旅游产业的生产要素大致分为三类，即体育旅游资源、人力资源和基础设施（见图4-2-1）。

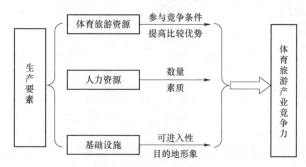

图 4-2-1　体育旅游产业的生产要素分类

1. 体育旅游资源对体育旅游产业竞争力的影响

（1）体育旅游资源的多少，影响到体育旅游地对体育旅游者吸引力的大小。

（2）特殊的体育旅游资源可有效提高体育旅游地的市场竞争比较优势，即市场竞争中的"人无我有，人有我优"。

（3）体育旅游资源集中度越高，体育旅游地对体育旅游者就越具有吸引力。

2. 人力资源对体育旅游产业竞争力的影响

（1）体育旅游企业的人力资源数量越多，企业的产品与服务产出水平越高。

（2）体育旅游企业的人力素质水平越高，体育旅游产品与服务的质量越好，企业创造、创新能力越强。

3. 基础设施对体育旅游产业竞争力的影响

（1）体育旅游地的基础设施的建设越齐全，越具备良好的消费者数量可接待性，具有良好的可进入性。

（2）体育旅游地的基础设施质量越高，越有助于提高体育旅游消费者对体育旅游目的地的整体印象。

（二）市场需求要素

体育旅游产业的市场需求对产业的发展影响，简单来说就是市场需求差异化和预期对消费产品、服务的需求影响（见图4-2-2）。

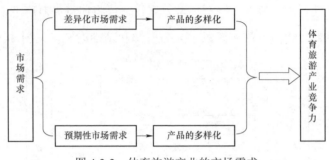

图 4-2-2 体育旅游产业的市场需求

首先，体育旅游产业作为一种重视消费者体验的产业，体育旅游消费者的消费能力、消费爱好、消费习惯等，对体育旅游产业的发展有重要的影响。

体育旅游消费者对具体体育旅游产品与服务的选择受多种因素的影响。例如，体育旅游消费者的偏好是影响消费者购买的重要因素，当消费者对某种产品的偏好程度增强时，该产品的需求量就会增加；反之，消费需求量会减少。此外，体育旅游消费者的社会地位、经济条件、文化水平、兴趣爱好等各不相同，其体育旅游需求也会呈现出多样性。因此，体育旅游产业的发展应关注不同体育旅游消费人群的消费需求，结合细分消费市场需求开发体育旅游资源，提供有特色、有针对性的体育旅游产品与服务。

其次，要有战略性发展眼光，结合市场预期性需求，开发相应体育旅游资源，提供相应的体育旅游产品与服务，抢占体育旅游市场。例如，受我国2022年冬奥会的影响，体育冰雪旅游与其他旅游产业相比具有明显的市场优势，冰雪旅游是我国体育旅游的重要主题。

（三）关联产业要素

在市场经济中，任何一个产业的发展都不是孤立的，在其发展过程中必然要与其他产业发生多种多样的联系。

在体育旅游产业的发展中，体育旅游相关产业的发展与突发事件都可能会对体育旅游产业的发展产生直接或间接、长期或短期、明显与细微的影响。

体育旅游产业的关联产业对体育旅游竞争力的最重要影响具体表现在产业技术创新和基础设施建设两个方面（见图 4-2-3）。

图 4-2-3 体育旅游产业的关联产业与体育旅游竞争力的关系

一方面，就体育旅游市场的发展来说，随着经济的发展，体育旅游消费者对体育旅游产品和服务的质量要求越来越高，要求体育旅游产业必须提供高质量的体育旅游产品与服务，对此体育旅游产业内部各企业必须高度注重创造创新，提供优质产品与服务。另一方面，体育旅游目的地必须高度重视和加强本地区的基础设施建设，提供旅游地可进入性、游客可接待性、优质的旅游辅助性服务，优化体育旅游消费者的体育旅游体验。

（四）企业竞争要素

企业竞争是产业竞争的内在影响因素，也是一个非常关键的影响因素。企业竞争优势影响企业竞争力，进而影响产业竞争力。

企业竞争对整个体育旅游产业竞争力的影响具体表现如下。

（1）扩大企业规模，可以促进企业生产分工精细化、专业化，可提高企业的规模化效益，促进企业管理的标准化、科学化，最终促进整个体育旅游产业的高效发展。

（2）提高企业产品竞争力，可提高体育旅游企业在体育旅游市场中的市场占有率。作为服务产业，体育旅游企业要想在体育旅游产业中不断提高自己的市场竞争力，就需要更加注重提供优质产品与服务，进而推动整个体育旅游产业的行业产品与服务质量的提升，从而提高体育旅游产业的发展竞争力。

（3）提升营销水平，有助于企业的市场竞争力，良好的营销能最大限度地吸引消费者，从而获取更多的市场份额。为此，体育旅游企业必须不断挖掘市场信息，熟悉消费者需求，优化营销策略，企业对市场规律的把握和对市场前景的预测可引领和促进整个行业的市场竞争力的提高。

（五）政府行为要素

政府在体育旅游产业发展中扮演着举足轻重的角色。政府作出的决策不仅对产业走向具有决定性影响，还能通过多种方式对产业进行宏观调控。具体有以下几个方面。

（1）政府通过财政投入为体育旅游产业注入活力，使其得以蓬勃发展。

（2）政府通过制定体育、旅游等相关领域的制度和规划，为产业发展指明方向。

（3）政府还通过制定产业政策规范，引导企业市场行为，从而对体育旅游产业的健康发展产生深远影响。

三、体育旅游产业竞争力提升的策略

（一）提升政府调控能力

（1）政府应加强对体育旅游产业的布局规划，宏观指导、统筹规划。

（2）政府应加大对体育旅游产业发展的扶持力度。

（3）政府应加强监督管理，确保体育旅游市场规范化发展。

（二）增强企业竞争力

（1）完善体育旅游产品与服务结构，丰富产品与服务系列。

（2）创新营销和宣传方式，提高市场占有率。

（3）重视先进技术应用，注重产品与服务创新，节约成本、提高质量。

（4）增强员工服务意识和专业性。

（5）优化企业管理，提高企业生产效率。

（三）提高人才专业能力

（1）重视体育旅游产业各类人才的培养、分配、流通。

（2）重视体育旅游产业内各企业、各部门人才的专业化、专门化培养，做到人尽其才。

（3）加强对在职体育旅游人员的在职培训，提高从业者的专业素质和能力。

（四）扩大市场需求力

（1）加大体育旅游宣传力度，增强大众体育旅游意识与消费意识，拓展国内体育旅游市场。

（2）适度开发国际体育旅游市场。一方面，打造具有中国特色的体育旅游产品与服务；另一方面，通过国际交流与合作进行联合促销，扩大境外体育旅游市场。

第五章　体育旅游市场经营与
管理体系的构建

　　体育旅游是我国旅游的主要组成部分，随着市场经济的发展和人们生活水平的提高，体育旅游市场的开发与发展逐渐获得了更为有利的条件，而且市场规模不断扩大，这就对市场经营与管理提出了更高的要求。尤其新时期下，有关部门不断促进经济要素的自由流动，高效配置资源，推动各地更大范围、更高水平、更深层次的合作，致力于共同打造区域合作架构，而本身就具有开放性的体育旅游在这方面更是发挥着重要的作用，因此有必要深入研究我国体育旅游市场开发，以期为加强体育旅游市场经营管理体系的科学构建提供有力的支持。本章对体育旅游市场经营与管理体系的构建进行了详细介绍，包含体育旅游市场概述、体育旅游产品的开发、体育旅游市场营销策划和体育旅游市场的经营与管理四个方面的内容。

第一节　体育旅游市场概述

一、体育旅游市场的概念

体育旅游市场指的是体育旅游产品供求双方交换关系的总和。体育旅游市场是一个交叉型的复合市场，包含了体育产业与旅游产业两大产业，有机融合了多个层次的休闲需求，如消费者的旅游观光、体育健身、娱乐等，体育旅游者在同一时间可以享受多重服务内容，获得多方面的满足。

旅游景点经营公司、旅行社以及旅游者是体育旅游市场的主体；体育旅游项目及其内容是体育旅游市场的客体。

二、体育旅游市场的要素

体育旅游市场包括以下三个要素。

（一）市场主体

体育旅游产品的生产者及体育旅游产品的消费者是体育旅游市场的主体，是体育旅游产品交换的买卖双方。

生产体育旅游产品、提供体育旅游服务的企业、个人及其他社会团体等都是体育旅游的生产者。

（二）市场客体

可供交换的体育旅游产品是体育旅游市场的客体，体育旅游产品可使体育旅游者的需求得到满足。体育旅游产品主要包括以下内容。

（1）有形的体育旅游资源和体育旅游服务。

（2）无形的体育旅游资源和体育旅游服务。

（3）现有的和未来的体育旅游资源及服务。

（三）市场中介

体育旅游市场中介是将体育旅游市场主体和体育旅游市场客体联结起来的桥梁。体育旅游的市场中介主要包括竞争、价格、旅游质监机构、旅游中间商等。

三、体育旅游市场的细分

（一）细分步骤

以体育旅游者不同的偏好、需求及消费习惯为基准，将整个体育旅游市场分为多个独特的消费者群体市场，这就是对体育旅游市场进行细分的体现。一般需要按照以下步骤来细分体育旅游市场。

1. 营销调研

通过调研对有用的信息进行搜集，尽可能对体育旅游消费者的旅游需求及影响其消费行为的因素有一个详细的了解。

2. 确定细分标准

对搜集的信息进行分析与处理，将共同性因素去除，将差异性因素保留下来。不同的人对体育旅游有不同的需求，健康、人口统计、地理、观赏、探险、行为和心理等因素是引起需求差异的主要原因，这些因素都属于体育旅游市场细分变量。对体育旅游市场进行细分时，需要参考其中的一些变量因素。

3. 分割市场

将选定的体育旅游市场细分因素作为基准，对市场进行精细化分割。通常先以基础因素为准粗略分割市场，再逐步引入其他因素进行更细致的分割，以实现市场细分标准的多元化和全面性。

需要说明的是，体育旅游需求属于高层次心理需求，所以要从心理因素和行为因素等方面着手对人们的体育旅游动机进行了解，并识别体育旅游市场中不同消费者群之间的内在联系，发现某些新的体育旅游细分市场，这些市场必须具有很大的商业开发价值。要注意的是，在细分体育旅游市场的过程中，不能在"分"上面一直走下去，还应适当地"合"，有些体育旅游子市场存在内在关联性，合并或重组这些市场可促进新的体育旅游细分市场的形成。

4. 选择目标市场

将体育旅游细分市场应具备的特征明确下来，对照细分市场的特征对市场细分结果进行评价。若细分有效，进而对目标市场进行选择和确定；如果细分结果无效，需要重新参考新的标准对市场进行细分，直至细分结果有效。

（二）细分标准

一般而言，体育旅游市场细分标准如表 5-1-1 所示。

表 5-1-1　体育旅游市场细分标准

细分标准	类型
地理因素	国际体育旅游市场
	国内体育旅游市场（城市体育旅游市场和农村体育旅游市场）
	出境体育旅游市场
体育项目因素	球类和非球类项目的体育旅游市场
	陆上项目、冰雪项目、水上项目等体育旅游市场
	室外和室内项目体育旅游市场

四、体育旅游目标市场的选择

（一）选择原则

体育旅游目标市场的选择需要遵循以下三个原则。

1. 可测量性

选择体育旅游目标市场时，要确保所选的市场是可测量的，即可以预测和衡量市场的规模、购买能力及未来发展。

2. 可营利性

获取经济利益是体育旅游企业的最大目标。因此，应保证所选的体育旅游目标市场在较长时间内是可以营利的。

3. 可进入性

在经济、政策、文化、资源等各个方面的限定下，某一企业能否进入其中目标市场，这就是体育旅游目标市场的可进入性。目标市场的进入门槛要与企业条件和经营目标相符，如果门槛较高，且不确定是否能够从中获益，就要选择放弃。

（二）选择策略

选择体育旅游目标市场的策略主要有以下三个。

1. 差异性市场策略

差异性市场策略指的是将整个体育旅游市场划分为多个需求量基本相同的细分市场，然后以企业自身条件为依据，分别针对各个细分市场，对不同的体育旅游产品进行策划的营销策略。采用这一策略可以使不同特征的顾客群的体育需求得到满足，有利于体育旅游企业扩大市场占有率，取得理想的营销绩效。但是，差异性市场策略在产品设计、销售渠道开发、营销策略实施方面会增加经营成本。

2. 无差异市场策略

无差异市场策略，即将体育旅游市场视作一整体，不再进行细分，以单一产品及综合性营销方案，全面服务市场内所有顾客群体，致力于满足大众需求。采用这一策略时，不需要深入研究市场，体育旅游企业只是将标准化的产品提供到市场中，因此在产品开发、营销、市场调研等方面的费用就大大节省了，这对于企业形成规模经济具有积极的影响。

无差异市场策略也有自身的不足，如无法满足体育旅游者的多元需求，很难争取更多的消费者。

3. 集中性市场策略

集中性市场策略指的是将整个体育旅游市场细分为多个子市场后，只选择其中一个或少数几个市场作为目标市场，针对所选市场的顾客群开发相应的产品。这一策略可增强体育旅游市场经营的针对性，促进产品市场形象和市场占有率的提高，此外，对于产品经营成本的节约也有利。但采用这一策略需要冒很大的风险。

第二节　体育旅游产品的开发

一、体育旅游产品概述

（一）体育旅游产品的概念

体育旅游经营者以体育旅游吸引物为前提，以体育旅游基础设施为保障，以满足体育旅游者需求和实现旅游目的为目标而提供的所有实物和劳务服务就是所谓的体育旅游产品。

（二）体育旅游产品的构成

1. 体育旅游产品的要素构成

体育旅游产品包括以下四个要素。

（1）体育旅游吸引物

能够吸引体育旅游者，为旅游企业带来开发潜力的资源，称为体育旅游吸引物。这些资源不仅能为旅游企业带来经济效益，还能带来环境和社会效益的双重提升。物质实体、自然和社会文化现象、具有影响的事件等内容都可以称为体育旅游吸引物。体育旅游资源、体育旅游景区等是体育旅游吸引物的常见形式。

体育旅游者选择购买和体验体育旅游产品的主要驱动力，是探索和感受各种独特的体育旅游体验。这些体验由体育旅游的吸引力所决定，直接影响着旅游者的消费决策。换句话说，体育旅游的魅力所在，就是体育旅游产品的价值所在，它引导着消费者进行选择和购买行为。

（2）体育旅游设施

体育旅游者完成体育旅游活动所必备的各种设施、设备和相关物质条件的综合就是体育旅游设施。一般可以将体育旅游设施分为以下两类。

① 体育旅游基础设施

开展体育旅游活动必须具备的交通、水电、通信、卫生、城市环境等各种公共设施就是体育旅游基础设施。这些设施是实现体育旅游者空间位移的基本保证，是体育旅游者顺利进行体育旅游活动的基础物质条件，对体育旅游者旅游目的的实现及旅游服务质量具有直接的影响。

② 体育旅游服务设施

体育旅游经营者直接向体育旅游者提供服务的凭借物就是体育旅游服务设施，住宿、餐饮、娱乐等设施都属于服务设施，这些设施直接影响体育旅游者对体育旅游产品的选择。

（3）体育旅游服务

体育旅游服务是实现体育旅游产品价值的重要手段，常见载体包括有形物质产品、自然物和社会现象等。体育旅游者在旅游过程中，都会购买和享受大量的体育旅游服务，因此在体育旅游产品构成中，体育旅游服务始终不可替代。

狭义上来说，体育旅游过程中直接向体育旅游者提供的服务就是体育旅游服务。广义上来说，除直接提供的服务外，还包括向体育旅游企业提供物质和非物质产品的部门的服务，这些服务有效支持着体育旅游企业向体育旅游者提供服务。

（4）体育旅游可进入性

体育旅游的可进入性，是指体育旅游者从居住地到旅游目的地，以及在多个目的地间自由移动的便利程度。这主要体现在旅游者进出目的地的难易度、时间效率以及交通的顺畅性上，可从以下三方面深入考察。

第一，交通网络是否完善、发达。

第二，通信条件是否方便。

第三，出入境签证手续、出入境验关程序、服务效率和信息咨询等是否便捷。

体育旅游可进入性是连接体育旅游者需求与各种具体体育旅游产品的纽带，是成功组合体育旅游产品的前提，同时，也是对体育旅游产品成熟度进行衡量的主要标志，其极大地影响了体育旅游产品的成本、吸引力及质量。

2. 体育旅游产品整体构成

现代市场营销理论指出，形式部分、核心部分、延伸部分是构成整体产品的三个重要组成部分。产品中能够使消费者需求得到满足的基本效用和核心价值就是核心部分，产品的外形和实体是其形式部分，给消费者带来附加利益的部分就是产品的延伸部分。

（1）形式部分

在体育旅游过程中，旅游者直接接触的实物等的外观就是体育旅游产品的形式部分，如体育旅游产品的载体（如旅游设施、景区景点、娱乐项目等）、风格、特色、质量、声誉及组合方式。这一部分主要是促进体育旅游产品核心价值的提升，使旅游者的生理需求得到满足。此外，形式部分还能够使核心产品变得更加具体和实在。

（2）核心部分

一般来说，体育旅游吸引物和体育旅游服务是体育旅游产品的核心部分，它们是体育旅游产品的本质和灵魂，是体育旅游产品得以存在的基础，核心部分可以使体育旅游者进行旅游活动的需求得到最大的满足。

（3）延伸部分

体育旅游者购买体育旅游产品时获得的优惠条件及其他附加利益就是体育旅游产品的延伸部分。一般产品的核心部分与形式部分是相匹配的，但未必都有延伸部分。但在体育旅游业中，体育旅游产品以服务为主体，所以也有占重要地位的延伸部分。延伸部分可以使体育旅游者对旅游产品作出好的评价，可以激发旅游者尽快做出决策，同时也可以提高体育旅游产品的竞争力和吸引力，使体育旅游产品具有更大的竞争优势。

二、体育旅游产品的开发原则和流程

（一）体育旅游产品的开发原则

开发体育旅游产品应遵循以下四个原则。

1. 市场导向

体育旅游业的市场经济特征是非常典型的，体育旅游产品的生产与发展方向都是直接由体育旅游需求决定的。因此，开发与设计体育旅游产品必须以体育旅游消费者的需求为依据，坚持市场导向原则。坚持这一原则需要做到以下两点。

第一，深入分析体育旅游市场，明确市场定位，对市场经济规律严格遵循。第二，要以体育旅游市场的变化和体育旅游产品的生命周期变化为依据，不断挖掘现有产品的新功能，不断开发新产品，使旅游者的需求得到最大的满足。

2. 系统开发

体育旅游产品具有综合性特征，其功能与一般产品的功能是不同的。生产体育产品受多种因素的影响，而且涉及多个部门，过程十分复杂。因此开发和设计体育旅游产品时，必须站在综合、系统的角度来进行，全面规划，协调好每一个环节。

3. 突出特色

对于体育旅游产品而言，其特色就是灵魂，要提高体育旅游产品的竞争力和吸引力，必须从产品的特色入手。突出特色原则要求体育旅游经营者对体育旅游产品的文化进行深入研究，将一般普遍性特征去除，提取产品的独特性，并不断强化产品的特色。

4. 可持续发展

开发体育旅游产品必须依托一定的体育旅游资源，部分体育旅游资源不可再生，因此开发体育旅游产品必须遵循可持续发展原则，具体要做到两点：第一，对体育旅游产品的生命周期规律予以尊重，针对不同阶段产品的特征开发体育旅游产品；第二，开发与设计体育旅游产品的同时要保护生态环境，节约资源。

（二）体育旅游产品的开发流程

开发体育旅游产品不仅要设计新产品，还要改进现有产品。体育旅游产品的开发并非一个线性过程，开发出来后还要进行科学的检测和反馈，还要不断改进与完善。因此，开发体育旅游产品是一个循环过程，这个过程一般包括以下十个步骤。

1. 市场调查与分析

通过调查与分析体育旅游市场，对没有被满足的市场需求进行探索，进一步筛选市场需求，将市场价值高的有效需求确定下来，再根据其特征对新的体育旅游项目进行开发。

2. 市场细分

在结束调查与分析后，以影响体育旅游者需求变化的因素为依据，把整体有效需求市场划分为若干具有不同需求的旅游者群体，然后再根据不同旅游群体的实际需求对旅游市场进行细分。

3. 目标市场选择

评估细分后的各个市场，对每个细分市场的发展潜力进行评价，选择开发价值最高的细分市场为目标市场，以此为依据将体育旅游产品开发的具体事项确定下来。

4. 产品构思

以体育旅游目标市场的特征与需求为依据，设想体育旅游产品的基本轮廓。企业内部、企业外部（如旅游者、竞争对手等）都可以是构思的来源。

5. 意念筛选

从企业的资源、条件、市场状况、经营管理水平等方面着手综合评价得出的构思，将不可行的想法排除，将可开发的构思方案明确下来。

6. 概念测试

把经过筛选后的体育旅游产品构思发展成为具体的产品概念，接受目标市场的测试，从中获得相应的反馈，并对比与分析产品概念与竞争对手、顾客需求之间的差异，从而明确旅游产品定位，对相应的营销计划进行科学制定。

7. 效益分析

评估新旅游产品的可行性和收益率，以评估结果为依据来决定是否开发旅游产品，是否将其投入市场。

8. 产品开发设计

产品开发设计是开发体育旅游产品的实际运作环节，企业具体开发与设计有开发价值的旅游产品，在这一过程中，企业需要完成以下工作。

（1）投入资金，采购设备。

（2）调配各部门的力量。

（3）选聘专业人员。

（4）建立各种沟通关系。

（5）与有关供应商讨论合作事宜等。

9. 产品上市

新产品开发成功后应正式向市场投放开发成功的体育旅游产品，销售新产品。随着市场需求的变化，企业要不断收集反馈信息，并以此为依据改进与更新旅游产品，以充分满足体育旅游市场的多元需求。

10. 市场反馈

将新产品投放市场进行销售后，企业要深入了解消费者对新产品的评价，收集信息和意见，并进行分析，从而有针对性地改进产品和服务，提高产品质量。

第三节　体育旅游市场营销策划

一、体育旅游市场营销策划的概念与特点

（一）体育旅游市场营销策划的概念

体育旅游市场营销策划是指针对特定的营销目标，深入解析体育旅游企业的市场态势，高效配置企业资源，并制定出一段时间内企业的营销策略、方针、执行方案及详细规划。

（二）体育旅游市场营销策划的特点

好的市场营销策划对完成既定目标具有重要的作用和意义。体育旅游产业具有一定的特殊性，所以在营销策划中，不仅要遵循一般市场营销策划的规范与要求，还要充分认识体育旅游市场营销策划的特点，从而有针对性地进行营销策划，进而提高体育旅游产品的市场效益。

1. 复杂性

体育旅游市场销售的体育旅游产品丰富多样，十分复杂。既有体育有形产品，又有体育无形产品；既有体育物质产品，又包括服务产品；既有以实现经济效益为目的的经营实体，又有公益组织；既有体育主体产业，也有相关产业。可见，体育旅游产业的产品非常复杂，类型非常多。这就使体育旅游产品营销有了一定的难度，如何有机结合有形产品与无形产品，如何对追求物质利益与传播精神文明有一个合理的认识与把握，这都是有关部门必须考虑的问题。

2. 时效性

体育旅游服务产品大都是无形的，而且是一次性的，所以体育旅游市场

营销策划的时效性特征就非常突出。体育竞赛产品的时效性尤为明显，不管是奥运会、世界锦标赛、亚运会、全运会等大型比赛，还是一些小型的商业比赛或社区运动会等，都是在特定的时间段里举行的。这些竞赛产品在生产的同时也伴随着消费，这就对体育竞赛产品营销策划提出了很高的要求，即在一定的时间周期内，产品的营销策划是一次性的，策划一旦失败，是无法补救的，或补救的效果不大。因此，在体育旅游市场营销策划中必须考虑特殊产品的时效性。

二、体育旅游市场营销策划的意义

在体育旅游行业中，每家企业都必须事先做好准备和策划工作才能更好地实现预期目标。具体来说，体育旅游市场营销策划的意义主要体现在以下七方面。

（1）为体育旅游企业的发展提供路线图。

（2）有助于体育旅游企业战略的有效管理和实现。

（3）有助于体育旅游企业获得更好的发展资源。

（4）有助于更高效地利用人、财、物等企业资源。

（5）协调相关工作与任务，合理分配有关部门及人员的职责。

（6）有助于与新雇员进行沟通与协调。

（7）深入认识企业的优势、不足，面临的问题与威胁，从而扬长避短，弥补不足。

三、体育旅游市场营销策划的组织机构

（一）体育旅游营销策划的部门

很多体育经营组织都会对专门的营销策划部门进行设置。企业的营销策划部门就像是人的大脑，有了这个专业的组织机构，企业可以自行设计各种符合本企业特征与实际的营销策略，从而更好地实现预期营销目标。

进行体育旅游市场营销策划的方法有几种，在选择具体的方法时，要以体育旅游经营企业的规模和职员能力为依据来选择。一般来说，在规模小、利润低的组织中，通常是由首席执行官和营销经理制订营销计划的；而在规模大、利润高的体育旅游企业，通常由首席执行官、副总、营销部门经理和财务经理共同制订营销计划。一些小型企业人力资源不足，所以会雇用其他专业策划公司来制订营销计划。事实上，一些规模比较大的公司有时也会将本企业营销策划的一部分任务和工作交给专业策划公司来完成。需要注意的是，专业策划公司做出的营销策划可能不符合公司的实际情况，与公司自己做的策划有出入，这就需要双方进行协调，最后选一个折中的、更有利于企业实现营销目标的方案。对于缺乏内部资源的体育旅游企业来说，他们只能将营销策划工作交给企业外的专业策划公司，以此实现自己的目标。

　　要由专业策划公司来完成营销策划工作，企业通常需要支付相应的费用。策划公司实力越强，声誉越好，价格也就越高。因此，体育旅游企业必须准确计算策划成本，计算相关开支，最后决定是否要交给专业策划公司来做本企业的营销策划，或决定选择哪一家专业策划公司。如果企业决定让专业策划公司来完成策划工作，就要加强与专业策划公司的密切配合，使策划公司所做出的方案能够发挥更好的作用，使企业获得最大的收益。

（二）体育旅游营销策划部门的职能

体育旅游市场营销策划部门要承担的职能主要包括以下十二个方面。

（1）对销售组织进行规划，招聘、培训销售组织人员。

（2）明确销售人员的工资制度、奖励制度。

（3）合理制定与分配营销业绩和目标。

（4）将体育旅游产品的价格确定下来。

（5）深入进行客户分析，做好分类管理工作。

（6）对年度营销计划进行拟定。

（7）划分销售辖区，科学安排与设计销售渠道。

（8）分别制定针对经销商、业务员、消费者的促销方案，完善促销策略。

（9）对年度广告策略（广告计划、广告代理商选择）进行规划。

（10）深入进行市场调查与营销研究。

（11）统计、分析及预测销售业绩。

（12）对提高企业知名度、应对各种市场竞争的策略进行研究，并着手拟定。

四、体育旅游营销策划人员的素质

营销策划人员不仅是创造性的思考者，更是行动的计划者和组织者，他们关注的是对问题进行处理与解决的方法和途径，而非问题本身。策划思维与创造性思维是有区别的，策划的前半步是创造性思维，后半步是要付诸行动的计划。因此，营销策划人员除了要具备创造性思维能力外，还必须具备以下四方面的素质，这样才能成为一名优秀的体育旅游市场营销策划人员。

（一）知识丰富

体育旅游市场营销策划人员必须掌握一定的体育旅游专业知识、法学知识、统计学知识及经济学知识等。

（二）观察力敏锐

体育旅游市场营销策划人员要能够从众多资料中发现可利用的材料，或发现别人不易发现的有用的资料。体育旅游市场营销策划人员要凭借敏锐的观察力迅速发现问题的关键及突破口。

（三）善于接纳各方面意见

体育旅游市场营销策划人员要精益求精，虚心接受不同意见，从而不断提高策划的质量。此外，策划人员还必须不断吸收外来的有价值的资源，不断提升自己。

（四）公关能力较强

策划人员是解决问题的重要人员，在解决问题的过程中难免会涉入各种社会关系中。因此，策划人员必须学会将各种有利的社会资源充分利用起来，能够处理好各种关系，具有良好的人际交往能力。此外，策划人员的语言和书面表达能力也必须达到一定的水平，可以熟练地运用各种技巧来提高自己的说服力，使自己的营销方案能更好地被客户接受。

五、体育旅游市场营销策划方案

通常，一份完整的体育旅游市场营销策划方案主要包括以下七部分内容。

（一）执行概要和目录

体育旅游市场营销策划的开头部分，应简明扼要地阐述核心目标与主要内容，此部分应包括精炼的概要和清晰的目录两大板块。

1. 概要

概要部分以高度浓缩的语言描绘整体策划，旨在让客户迅速把握策划的主要内容。

2. 目录

目录则列举各部分内容清单，为客户呈现策划的全貌，便于其快速把握并查阅相关内容，确保策划执行的顺畅与高效。

（二）当前营销状况

当前营销状况的内容主要包括体育旅游产品在当前营销中的市场情况、竞争情况、分销渠道等，详细说明这部分内容，有助于体育旅游目标市场及公司在目标市场中的地位进行准确把握。

（三）机会和问题分析

依据当前营销状况，总结当前市场形势，对公司和产品面临的 SWOT（机会、威胁、优势、劣势）及在整个策划期内面临的问题进行综合分析。

企业一般用 SWOT 分析工具来对公司与产品面临的机会和问题进行分析，通过分析可以全面评估和了解公司和产品的内外环境。

（四）营销目标

本计划期内要达到的目标就是营销目标，实施营销战略和行动方案离不开营销目标的指引。要实现预期的营销目标，不仅要销售产品，获得利润；还要不断开发和培育市场，提高企业与产品形象。

企业一般在分析机会与问题的基础上来制定营销目标，这是营销策划的核心部分，目标一经确立，就要付诸行动，为实现目标而努力。

（五）营销策略

为实现营销目标而采用的手段和途径就是营销策略（包括目标市场选择策略、市场定位策略、营销组合策略等）。

这部分应详细说明每项营销要素的具体实践措施，深入解析每项战略如何巧妙应对市场机遇与挑战，同时揭示策划中的核心难题及其解决方案。

（六）行动方案

采用具体行动来执行计划时，需要行动方案的指导，行动方案中一般要说明要做什么、需要投入多少成本、什么时候开始做、什么时候完成、由谁负责什么工作等问题。总之，要对战略实施的各个因素、环节进行全面考虑。

在实践策划的过程中，可以将以上问题和每项活动的具体程序表都详细列出来，为执行计划和检查实施效果提供方便。

（七）预算和控制

在营销策划中，要将各项收支预算明确列出来，这是企业购买材料、安排生产、开展营销活动的重要依据。此外，还要充分控制执行营销策划的整个过程，督促各部门改进工作，高质量地完成任务、达成预期目标。

六、体育旅游市场营销的实施与控制

（一）体育旅游市场营销的实施

体育旅游市场营销的实施需要完成如下工作。

1. 对行动方案进行制定

为了有效实施营销战略，应科学制定营销方案，将营销战略实施的关键性决策和任务明确下来，并合理安排任务，使个人或小组都能高效履行职责，完成任务。此外，在行动方案中还要安排好具体时间的工作。

2. 建立组织机构

在实施营销战略的过程中，建立组织机构具有决定性作用。通常而言，组织结构的职能主要表现在以下两方面。

第一，要明确职责划分，将整体任务细化为若干子任务，并具体分配给不同部门及个人，以实现高效管理。

第二，要发挥协调作用，通过建立信息交流平台和沟通机制，有效协调各部门间的行动。

企业的发展战略不同，需要建立的组织机构也就不同，但二者目标必须一致。

3. 开发人力资源营销战略

人力资源的开发涉及选拔、培训、激励、考核等问题。在对人员进行安置时，要做到人尽其才；要制定合理的工资制度、福利制度和奖惩制度，以提高员工的工作积极性。

4. 对决策和报酬制度进行设计

营销战略实施的成功与否与这一环节有直接的关系。以评估和报酬制度为例，如果以短期经营利润为标准来评估工作人员，就无法提高人们长期努力工作的积极性。

5. 对营销战略实施系统各要素的关系进行协调

为有效实施对体育旅游市场营销战略，必须协调战略实施系统内部各要素之间的关系，充分发挥各要素的作用，最大化地提高实施效果。

6. 建立企业文化

体育旅游企业的经营思想和领导风格、工作人员的工作态度和作风等都是受企业文化所影响的，因此必须建立和完善企业文化，发挥企业文化的重要作用。

（二）体育旅游市场营销控制

体育旅游市场营销控制，是对企业营销成果的全面检查与评估，其流程包括：确立评估准则、量化营销业绩、对比既定标准、深入分析业绩差距的根源、优化营销策略、适时调整业绩标准。体育旅游市场营销控制的核心目标在于灵活调控体育旅游市场营销活动，使其能够更好地适应企业内外环境的动态变化。

体育旅游市场营销控制主要包括以下三种类型。

1. 年度计划控制

围绕年度计划的核心目标，致力于达成既定的销售利润和市场份额，并实现其他战略目标，是年度计划控制的关键所在。年度计划控制体系主要涉及销售额的控制、市场占有率的控制及成本费用的有效控制等要素。

2. 战略控制

企业成功的关键在于确保其目标、政策及战略与瞬息万变的市场环境相协调，这是战略控制的核心任务。鉴于市场环境的复杂性和多变性，预定的目标和战略必须具备灵活性，以适应不断变化的市场需求。因此，企业应引入"营销审计"这一工具，对企业的营销战略及执行情况进行深度剖析。"营销审计"是指定期、全面、系统地评估企业的营销环境、目标、战略及活动，旨在发现潜在的市场机会，识别存在的问题，并提出改进方案和建议。这一过程可以为企业决策提供有力参考，促进企业营销活动的持续优化和升级。

3. 赢利控制

体育旅游企业通过深入分析各类体育旅游产品的盈利能力、消费群体的消费习惯及分销渠道的效率，进而对企业的获利能力进行全面的评估和控制，这被称作赢利控制。在分析过程中，财务数据的全面处理至关重要，需要把企业的利润合理分配到各个地区、产品、销售渠道及消费者群体等各个因素中，这样做的主要目的是明确每个因素的获利能力以及对企业最终盈利的贡献度。深入分析这些因素是为了精准找出阻碍盈利的因素，随后采取相应措施，排除或削弱这些不利影响，以提升企业的整体盈利能力。因此，营销管理者必须以各方面因素的特点和类别为依据，将财务报表充分利用起来，对各种营销损益表进行重新编目，并深入分析各损益表。由于体育旅游产品形式多样，所以营利渠道也是多元的，企业要不断开发各种有利的渠道来获取利润。

第四节 体育旅游市场的经营与管理

一、体育旅游市场的经营策略

（一）对目标市场的需求进行明确

制定体育旅游产品营销计划的首要条件就是了解体育旅游者的特殊需求。体育旅游者不同于普通旅游者和体育爱好者，他们的需求欲望比较独特。

市场营销观念认为，明确目标市场需求，并能以高效的方法满足市场需要，这是达到企业目标的关键。为体育旅游产品打造营销策略的首要步骤是精准把握体育旅游者的特殊需求。体育旅游者作为一个独特的群体，其需求欲望与众不同。市场导向思维认为，精准锁定目标市场的需求，并运用高效且有效的方法满足这些需求，是达成企业目标的重中之重。这需要企业进行深入的市场调研，了解消费者的喜好、习惯及期望，从而为他们量身定制独特的旅游产品，满足其独特的体验需求。

经济的发展和生活方式的现代化，使人们的物质财富和余暇时间不断增加，但同时也产生了一些对人们健康和生活不利的因素。现代社会中，人们的工作压力越来越大，面临的竞争不断加剧，再加上缺乏运动，患高血压、肥胖病、糖尿病等疾病的人不断增加，对此，人们十分渴望摆脱压力，放松身心，这些需求可以在体育旅游中得到满足。

有关调查表明，目前我国普通客源市场比例大约占45%，这类市场以实践型、休闲娱乐型为主，与现阶段我国体育旅游产品的供求能力相符；而特殊客源市场比例大约占33%，以冒险型、极限型为主，可见体育旅游市场的开发前景良好。潜在客源市场大约占22%，以康乐保健型、启迪开智型为主，这说明我国体育旅游产品拥有巨大的开发潜力。

（二）对合适的体育旅游产品策略进行制定

在体育旅游市场营销策略中，体育旅游产品策略是重中之重。企业需要围绕市场需求，对现有体育旅游产品进行精细化运营，同时积极设计开发新项目。提升品牌知名度，激发消费者需求，并不断创新，以满足消费者日益增长的体育旅游需求。

在设计体育旅游产品线时，应遵循市场导向，强化产品的主题与特色，确保产品风格的多元化。同时，必须考虑营销策略的前瞻性和实施可能性，以确保产品创新与市场需求相契合。

（三）建立体育旅游产品的分销系统

我国体育旅游起步较晚，群众基础还不够广泛，因此要不断进行宣传，通过舆论导向来推动体育旅游产品的发展。在宣传方面，有关部门要发挥自身的职能，举办一些主题活动，扩大体育旅游的影响力。当然，在体育旅游宣传中，广播、电视和报刊等新闻媒体的作用也是非常重要的。另外，企业还可以利用新科技建立体育旅游热点网站，深入开展网络营销，提高体育旅游产品的知名度和吸引力。

（四）对体育旅游者反馈信息系统进行建立

体育旅游人群相对较为稳定，如球迷、体育爱好者等，针对这些群体建立体育旅游者反馈信息系统，适时听取意见和建议，可以针对旅游产品和服务不断进行改进和创新，从而使体育旅游产品更好地满足旅游者的需求，以维系老顾客，增加新顾客。

二、体育旅游业务日常管理

体育旅游业务日常管理主要包括以下八个步骤。

（一）客户询价

前台接待人员接听咨询电话，将对方的姓名、电话、人数、出行日期、行程线路、等级标准和特殊要求等问清楚，并将这些信息详细记录下来。

（二）报价

前台接待人员将客户询价信息转交到计调。计调人员找出客户需要的产品，给出报价。与客户认真沟通，将客户出行计划确定下来。沟通过程中，计调人员应注意以下三个方面。

（1）对客户在行程中可能的适应状况有所了解，如果客人所选的线路不符合客户实际状况，要进行善意的劝阻。提前告知客户有关体育旅游线路的政策性变化，以使客户及时对行程做出调整。耐心、认真地解答客户的问题，实事求是，不隐瞒，不夸大。

（2）注意合理报价，不要一味追求高利润。因为对于公司来说，首要任务是提高市场占有率。

（3）高效、准确地做出报价回复。

（三）客户跟踪

报价后要及时跟踪，在保证质量、确保可以盈利的前提下，以实际情况为依据对价格和供应标准进行灵活调整，以促进报价成功率的提高。

在团队跟踪中，应将跟踪人姓名、跟踪时间、跟踪情况明确标注在报价单顶端，同时对报价后客户的反应进行认真分析与评估，以便做出适当的调整。

（四）团队确认

团队确认后，应在第一时间将订购单交给票务部，对票务预订状态进行核实、确认。

（五）客户回传

客户回传后进行以下安排。

（1）通知客户需要带哪些证件，将出票时间、收款方式向团队告知。

（2）向票务部发出通知，让工作人员出票。

（3）按照一定的要求将旅游团队财务通知单认真填好。

（六）团队操作

将计划书发送给各有关单位，逐一落实，包括用房、用车、用餐、地接社、返程交通等。

（七）团队运行

遵循"一进一出"原则，即要密切关注团队抵达第一天及返程最后一天。遇到问题或投诉时，与客户及时取得联系，认真沟通，迅速高效地解决问题。

（八）售后服务

团队返程后，主动与客户沟通，了解客户意见。如无问题，整理团队资料并存档。

三、体育旅游风险及管理

在体育旅游市场中，风险现象总是会出现的，这就引发了体育旅游的安全保障问题，对体育旅游市场的健康与可持续发展造成了严重的影响。

（一）体育旅游风险的类型

依据体育旅游风险产生的原因，可以将体育旅游风险划分为以下三种类型。

1. 自然风险

地震、海啸、暴风雪、洪水等是常见的自然风险，不可预见、不可抗拒是自然风险的主要特征。

2. 人为风险

导致人为风险的原因主要有以下三方面。

（1）体育旅游者缺乏足够的专业知识和专业能力。

（2）体育旅游活动设施陈旧，没有及时维修与更换。

（3）体育旅游景区管理不当等。

3. 社会风险

体育旅游中遇到的民族冲突、恐怖袭击等属于社会风险。

对以上风险类型进行有效识别是高效开展体育旅游风险管理工作的基

础与前提。

（二）体育旅游风险的形成

体育旅游风险的形成与以下两大因素有直接的关系。

1. 体育旅游内部因素

体育旅游集休闲、趣味、刺激等特点于一身，深受人们喜爱，可以使人们放松身心，增添生活情趣，但体育旅游同时具有惊险性、刺激性，所以具有一定的危险因素。刺激性的体育旅游项目本身就有很多的惊险动作，而且动作难度较高。如果有关部门没有妥善管理这些刺激性的项目，或者旅游者没有准确把握动作难度，就容易引起意外伤害。

2. 体育旅游外部因素

在体育旅游中，游客遭遇的意外事件往往源于多种外部因素，这些因素包括交通意外、气候骤变、景区治安不力以及公共卫生问题等。更具体地说，政治因素、台风、洪水、海啸以及流感等公共灾害事件，都会对旅游者的生命安全和财产安全，以及景区的正常运营带来巨大的冲击。

（三）体育旅游风险的影响

体育旅游风险会对旅游者的身心、财产及体育旅游市场的经营带来不利影响。

1. 风险对游客的影响

在体育旅游景区，一些风险因素的存在会引起游客的恐惧与恐慌，甚至使其放弃继续旅游。旅游景区一旦发生交通事故或重大治安事件，就会减少对游客的吸引力，游客基于自身生命与财产安全的考虑会放弃去该地旅游。所以说，体育旅游风险对游客选择景区具有重要的影响。

2. 风险对旅游经营的影响

体育旅游风险事件往往会给这一产业带来不可预见的冲击，不仅会影响游客的旅游体验，扰乱景区运营秩序，还会导致当地产业链上众多从业者失去工作机会，乃至当地物流、信息流和资金流减少，严重影响地方财政收入。

（四）体育旅游风险的防范与管理

为了加强体育旅游市场风险的防范与管理，需要做好以下四方面的工作。

1. 加强风险防范与管理的综合治理

在体育旅游过程中，部分风险是可以提前预防的，而另一些则属于突发状况。由于风险因素众多，因此必须对其进行全面的管理和治理。国家应强化立法工作，明确提出严格且规范的防范管理要求，明确各级政府、部门和旅游企业的职责。实施综合检查、综合治理和综合监督，以有效监管和预防各类风险，此举对于打造安全、健康的旅游环境至关重要。

2. 在风险防范与管理中投入一定的技术力量

在体育旅游的风险管理领域，技术投入的重要性不言而喻。无论是政府监管还是企业内部管理，都应将其置于重要位置。专业技术人员在风险防范管理中扮演着关键角色。因此，各层级机构和企业内部需要积极开展技术培训，强化风险意识教育，及时更新和维护设施设备。通过技术手段的强化，确保体育旅游的每一环节都能得到严密的技术保障。

3. 完善风险预警与应急处理机制

体育旅游风险管理系统既包括风险预警，又包括应急处理。在风险预警中，要做好风险监测、处置等工作；在应急处理中，体育旅游部门要依据规范和要求认真处理风险事件，争取将风险带来的不利影响控制到最小。

4. 注重风险事件发生后的形象宣传

发生风险事件后，体育旅游企业应该冷静对待媒体，加强对外宣传，避免不当舆论给企业带来不利影响。同时，企业要积极宣传景区的美好形象，消除游客的心理阴影。总之，企业要从各个方面积极应对风险事件后的问题，争取减少损失，重新树立良好形象。

第六章　体育旅游产业发展体系的构建

体育产业与旅游产业融合的过程非常复杂，寻找打破两者之间融合的瓶颈，才能更好地发展，达到体育与旅游交融合作的结果。本章主要介绍体育旅游产业发展体系的构建，包含西部地区体育旅游产业的发展与管理、东南沿海地区体育旅游产业的发展与管理、环渤海地区体育旅游产业的发展与管理三个方面的内容。

第一节　西部地区体育旅游产业的发展与管理

西部地区体育旅游产业的发展与管理在近年来逐渐成为推动地方经济增长的重要力量。随着人们生活水平的提高和健康意识的增强，越来越多的人开始关注体育旅游这一新兴领域。西部地区凭借其独特的自然景观和丰富的文化资源，为体育旅游产业的发展提供了得天独厚的条件。本节重点介绍甘肃省体育旅游产业和青海省少数民族体育旅游产业的发展与管理。

一、甘肃省体育旅游产业的发展与管理

（一）甘肃省体育旅游产业发展概况

1. 山体类体育旅游

甘肃省的山地体育旅游项目主要依托其丰富的山地资源。该省群山环

抱，重峦叠嶂，山脉纵横交错，海拔普遍超过 1 千米。主要的山脉如祁连山、六盘山和乌鞘岭等，都呈现出西北至东南的走向，地形险峻，山谷深邃。探险家和户外运动爱好者大都钟爱于此地，来这里进行登山、徒步等具有挑战性的活动。

2. 森林公园类体育旅游

森林体验类项目，如林间探险、徒步等，是现代人向往自然、放松身心的绝佳选择。在甘肃，这些项目可以在祁连山、白龙江、关山和西秦岭等地开展，那里的森林资源丰富多样，为人们提供了天然的森林疗养场所。树木种类繁多，让人仿佛置身世外桃源，体验到前所未有的宁静与舒适，对都市人而言，这无疑是一种健康养生的方式。

3. 水体类体育旅游

水上项目主要以水资源为依托来开展，涵盖划船、漂流、帆板、帆船以及垂钓等活动。甘肃的水资源主要分布在三大流域：黄河、长江及内陆河。其中，黄河流域有如洮河、渭河等支流，长江流域则有嘉陵江水系作为补充，内陆河流域的黑河和疏勒河等水系更是为该地区带来了得天独厚的自然条件。作为甘肃省的省会，兰州市的特别之处在于黄河穿城而过，其兰州段的长度达到 152 千米，市区内流经 45 千米。此外，该地区还有众多因地壳运动而形成的天然湖泊，包括人工湖和水库。这些水体不仅为城市增添了美感，更为一些蓄水工程的实施提供了可能，这些工程旨在美化城市景观，提升城市品位。

4. 温泉康复类体育旅游

甘肃省地热资源丰富，有众多温泉度假村。随着人们健康观念的觉醒，温泉养生的概念逐渐深入人心，成为一种时尚的休闲方式。这些度假村不仅提供餐饮、住宿等基础服务，更是集了温泉、游泳、户外运动等多种健康活动于一体。温泉水含有丰富的放射性物质，每一种温泉水都有其独特的保健作用。其中，天然氡矿泉水备受推崇。这种泉水中的放射性元素对人体有着独特的作用，据资料记载，它可以有效改善和强化人体的中枢神经系统功能，对治疗皮肤病、心血管病、运动系统疾病及风湿病等具有显著疗效。此外，这种天然矿泉水还能增强人体的抵抗力，对人体的新陈代谢和免疫系统产生重要的影响，是任何人工药物都无法替代的宝贵资源。

5. 草原类体育旅游

甘肃地域辽阔，在历史发展中孕育出独特的自然风光和厚重的文化底蕴。这里是典型的农牧过渡区，气候、土壤、地形、地貌的多样性，使草原类型变得多样，区系也更加复杂。牧草种类繁多，为这片土地增添了无尽的生机。随着夏季草原旅游的火热兴起，甘肃不断开发出多元化的体育旅游项目。游客可骑上骏马或牦牛，在无垠的草原上自由漫游，感受牧区的独特风情。甘南州、定西市、张掖市、陇南市、天水市等地，更是聚集了甘肃省内丰富的草原类体育旅游资源。骑马、射箭、滑草、滑雪、骑行、徒步、自驾、野营等项目，为游客带来了别样的草原体验，使人们在自然中放松身心，尽享草原的壮丽与宁静。

6. 沙漠类体育旅游

提及甘肃，人们脑海中浮现的往往是那片浩瀚无垠的沙漠与驼铃之声。这里的沙漠横跨张掖、嘉峪关、酒泉、武威等城市，形成了一道独特的自然景观。在沙漠之中，游客可以体验刺激的滑沙运动、沙漠摩托，甚至可以尝试古老而神秘的沙疗，这些活动为甘肃的沙漠旅游增添了无限的魅力。

7. 滑雪类体育旅游

随着甘肃省民众生活品质的日益提升，人们的休闲活动日益丰富多样。曾经只出现在东北的冰雪运动，因造雪设备的引进，逐渐在甘肃形成了一种全新的休闲体育潮流。冬季里，人们徜徉于冰雪世界，不仅锻炼了身体的柔韧性和平衡感，更在严寒中锤炼了身体的抵抗力，也为生活增添了一抹别样的色彩。

8. 冰川类体育旅游

透明梦柯冰川坐落在甘肃省肃北蒙古族自治县境内，于 1959 年被中国高山冰川研究团队发现，又名"12 号冰川"。作为中国西北最大的极大陆型山谷冰川，它以高海拔和广袤的冰川吸引着众多冒险者，是探险旅游的绝佳选择。

9. 滑翔类体育旅游

在 1987 年，法国借助高科技的气象卫星，首次探测到中国嘉峪关的上升气流，并将其判定为滑翔运动的绝佳场地。嘉峪关与澳大利亚和南非被誉为全球三大滑翔胜地。刘家峡滑翔基地位于内陆的干燥区域，其独特的气候条件使得一年中适宜飞行的天数高达 300 天以上，为滑翔运动创造了得天独厚的条件。

10. 体育赛事类体育旅游

在全球化视角下，体育赛事对促进地方乃至国家的社会经济发展及社会进步所起的特殊作用日益显现。甘肃省因其独特的地理优势和不断增长的国际影响力，近年来成为体育赛事的热门举办地。这些活动不仅提升了甘肃省的知名度，更展现了其作为体育强省的崭新形象。

（二）甘肃省体育旅游产业发展与管理存在的问题

1. 体育产业专业人才缺乏

体育与旅游人力资源的互补机制尚待进一步完善。目前在体育旅游产业中，缺乏专业的体育旅游人才引进策略，急需具备体育与旅游双重背景的复合型人才的加入。

2. 特色赛事旅游文化缺乏

甘肃省文化底蕴丰富，历史名人辈出，如李广、姜维等。随着甘肃的知名度逐渐攀升，体育赛事的级别也日益提升，其中，兰州国际马拉松赛已跻身国内马拉松十大金牌赛事之列。同时，省内各地也纷纷举办了大型比赛，如天水市李广杯国际射箭比赛和崆峒国际武术节暨甘肃传统武术锦标赛等。然而，这些赛事缺乏独特的体育文化内涵作为支撑，导致赛事过后难以持续激发社会关注和参与的热情。

3. 缺乏统一的管理，产业化水平低

甘肃省体育旅游开发尚处于初级阶段，在策略的预见性和科学规划方面尚显不足，市场商业化程度有待提升。该省缺乏专业体育旅游企业的引领，旅游产品过于单一，缺乏创新元素。同时，餐饮、住宿、服务区及自驾游配套服务产业尚未形成完善体系，本地特色体育旅游产品也未得到深度挖掘和推广。

4. 场地器材缺乏，健身区域配置不均衡

甘肃省体育场地器材的分布情况不容乐观，各地区差异显著，难以满足不同年龄段人群的体育需求。由于缺乏多样化的体育设备和产品，许多活动被迫取消。现有的体育设备种类单一，安全系数低，内容缺乏创新性和趣味性，难以吸引广大民众的积极参与。

5. 景点不集中，设施不全，宣传力度不足

甘肃省的旅游景点分布不集中，各景点间的距离较远，交通网络也尚待完善。部分景区道路崎岖不平，游客的出行体验因此受到影响。同时，旅游配套设施不足，部分景区餐饮种类匮乏且价格高昂，缺乏专门的用餐区域，这严重影响了游客的满意度和重游率。此外，当地未能有效利用现代传媒手段推广体育与旅游资源，导致其知名度相对较低。

（三）甘肃省体育旅游产业发展与管理的对策

1. 加快市场产业化发展

当前，甘肃省的汽车市场潜藏着巨大的商机，亟须加速推进自驾车与房车营地建设。在全省范围内，应完善相关配套设施，打造独具地方特色的主题文化旅游服务区，进一步激发市场活力。

2. 健全体育产业专业人才培养机制

在全省各大专院校积极启动与体育旅游密切相关的课程建设，与当地知名企业联手，培养一支高素质、专业化的体育旅游人才队伍。

3. 提高体育旅游产业环节中的服务水平

围绕甘肃省旅游发展大局，积极推进旅游景点交通标识的全面优化，构建智能化的游客集散与咨询中心。提升旅游专线服务质量，增设体育休闲设施，以丰富游客体验。同时，借助现代科技手段，如利用热门手机应用、短视频平台及社交媒体，大力推广体育+旅游特色产品，打造网红旅游景点，提升甘肃旅游的知名度和影响力。

4. 打造特色赛事文化

在兰州的马拉松公园中，可以设计一条迷你的马拉松赛道，其长度为3～5公里，为游客提供即时的马拉松体验乐趣。同时，启动兰州马拉松文化小镇规划，以深度融合马拉松文化与地方特色。此外，还可以打造一个平凉崆峒养生谷，将道家武术与养生哲学巧妙地融合在自然之中。李广小镇的建设也可以将箭术文化融入其中，赋予其独特的历史韵味。各地通过举办体育赛事品牌，不仅能够提升知名度，更能留下长久的文化印记。

5. 加快配建全民健身场所

新建社区和居住区需严格遵循"室内人均建筑面积不低于 0.1 平方米或者室外人均用地面积不低于 0.3 平方米"的规范，同时为全民健身设施的配置划定高标准。确保这些设施与住宅主体工程同步规划、同步建设、同步启用，促进公共场馆对公众免费开放，并增强其使用的便捷性和普及性。

二、青海省少数民族体育旅游产业的发展与管理

（一）青海省少数民族传统体育旅游资源概况

青海省是一个多民族聚居的省份，其中，世代聚居省内的五个少数民族（藏族、蒙古族、回族、撒拉族和土族）在历史发展过程中创造了丰富多彩的民族体育活动。如藏族的赛马、赛牦牛、射箭、抱石、围棋、藏戏、负重、古朵、朵加、拔河、游泳等；回族的赶木球、掼牛、爬木城、打梭儿、驯鹰等；土族的轮子秋、拔腰、蹬滚、打毛蛋、台毽巴嘎、骑马、射箭、拔河等；

蒙古族的摔跤、赛马、射箭、套马等；撒拉族的打岗、蹬棍拔腰、打蚂蚱、撒拉赛瓦、皮筏子、摔跤、举重、射击等。

（二）青海省少数民族传统体育旅游产业发展的优势

1. 青海省具有丰富多彩的民族文化

青海是少数民族聚居的省份，青藏高原的壮丽景观赋予了当地各族人民一种宽厚、勤劳且豪放的性格。在漫长岁月里，他们的生活方式与生产活动孕育出丰富多彩、独具特色的民族风情与习俗，他们的民族文化魅力与宗教密不可分。藏传佛教、伊斯兰教和基督教均在此地各自占据着独特的地位，它们相互交融，共同创造出青海文化宝库中的璀璨瑰宝。

2. 青海省具有较好的交通条件

青海省作为连接东西部交通的枢纽，其地理位置的重要性不言而喻。古时的"丝绸之路"如今已成为独特的文化现象，吸引着世界各地人们的目光。近年来，随着以"大美青海"为主题的旅游推广，青海的旅游业蓬勃发展。同时，旅游交通与基础设施的完善亦不可小觑，青海省已初步构建起一个纵横交错、四通八达的交通网络。

（三）青海省少数民族传统体育旅游产业的发展与管理对策

1. 加大宣传力度

充分运用现代社会的多元化宣传手段，如报刊、书籍、电台、电视及互联网等，为青海省少数民族传统体育项目打造专属的宣传栏目。设计并推广各少数民族聚居区的独特形象，以"七彩互助"等为代表，让游客在心中留下深刻且具有特色的旅游印象。同时，打造丰富多样的少数民族传统体育旅游项目套餐，提供定点专线车辆服务，利用"口碑效应"进行传播，吸引更多游客重回此地。建立"青海省少数民族传统体育旅游网站"，全面展示青海各民族的传统体育旅游项目，将高原特色传播至全国乃至全球，吸引更多游客前来感受青海的独特魅力，同时也为当地经济和文化交流注入新的活力。

2. 加快发展，完善基础设施建设

青海省少数民族传统体育旅游资源的独特性可以从民族、宗教、历史、自然及地理等多个维度来考量，与国内其他地域相较，它具有非凡的魅力。这一资源的开发需要巨大的人力、财力和物力投入。为了加快其发展步伐，我们必须积极推动青海省少数民族地区经济的崛起。为此，需要依据青海各少数民族的实际情况，构建以传统体育产业为主导的产业结构。进一步加大开放力度，不仅在基础设施建设上力求完善，还需注重游客的全方位体验，如饮食、住宿、交通、游览、购物和娱乐等。如此一来，不仅能够提升青海少数民族地区的经济水平，还能实现体育旅游资源的深度开发，最终达到双赢的局面。

3. 发挥政府的主导作用，统一规划，合理开发

要突出青海省少数民族传统体育旅游在旅游经济中的关键地位，需要将传统体育资源与旅游开发企业等部门有效连接。这需要政府设立统一的监管和调控机制，实施全面、细致的规划，并尽全力优化资源配置。在开发过程中，需要坚持保护与开发并行的原则，以国家政策为指导，从市场角度出发，开发和规划少数民族传统体育项目。这些项目在各县市和景点的分布应科学合理，以避免产品同质化。同时，要打造与当地自然景观相融合、符合民族特色的体育旅游套餐，使其独具魅力。

4. 加大人才培养力度

青海省在少数民族传统体育旅游专业人才培养方面，主要依托于省内各大高校。然而，政府层面组织的培训机构却寥寥无几。要全面开发青海省少数民族传统体育旅游资源，急需大批兼具专业知识和民族知识的旅游人才。这些人才不仅需掌握传统体育项目，还要精通旅游业务，能够适应市场变化，同时也要懂得如何向游客展现当地鲜明的民族文化特色。

5. 打造高原少数民族传统体育旅游品牌

依托青海省丰富多彩的少数民族节庆活动，将传统体育项目以更为系统

且富有活力的方式呈现。将各民族节庆活动办得有规模、有特色,深度挖掘青海省的自然与人文资源,可显著提升少数民族传统节庆的影响力。构建观赏性与参与性并重的少数民族传统体育文化村落,不仅能够展现文化魅力,还可借助青海"环湖赛"的品牌效应,推动少数民族传统体育旅游品牌的建设。融合少数民族风情与青海省独特的自然风光,打造出一系列观赏性、互动性、娱乐性强的传统体育项目,为游客带来别样的体验,让青海的传统文化在旅游市场中大放异彩。

第二节　东南沿海地区体育旅游产业的发展与管理

东南沿海地区凭借其得天独厚的地理优势和丰富的自然资源,近年来在体育旅游产业方面取得了显著的发展。这一地区不仅拥有美丽的海岸线、宜人的气候条件,还具备完善的基础设施和便利的交通网络,为体育旅游产业的繁荣提供了坚实的基础。本节重点分析北京体育旅游产业、大连滨海体育旅游产业和呼伦贝尔市体育旅游产业的发展与管理。

一、北京体育旅游产业的发展与管理

(一)北京市体育旅游环境分析

1. 北京市旅游业发展环境

经济的繁荣发展使居民收入也在稳步提升,消费观念逐渐向追求健康生活方式转变。国家基础设施的日益完善,为人们的出行提供了极大的便利,进一步激发了旅游消费的潜力,从而促进了旅游业的蓬勃发展。北京作为全国的文化中心,凭借其丰富的历史文化底蕴和独特的地理位置,已成为众多游客心中的首选旅游胜地。

体育与旅游的融合,孕育出新型的体育旅游产业,为旅游消费的拓展、全民健康理念的推广及两个产业的提质增效注入了新的活力，这一变革同样也推动了经济的增长。北京在重新定位旅游业后，迎来了新的发展机遇。如今，旅游业与体育产业等领域的融合和协同发展日益深化，推动了一系列重大体育旅游项目的开展。这些项目不仅为北京市的体育旅游产业带来了新的发展机遇，也为市民提供了更多样的旅游选择。

（1）城市发展影响深远

北京作为世界文化遗产的宝库，拥有得天独厚的旅游资源。而旅游业作为绿色、环保、附加值高的产业，符合北京的城市发展方向。随着"智慧北京"理念的出现和"智慧旅游"平台的构建，北京市的旅游业正朝着专业化、高效化的方向稳步迈进，这为北京的可持续发展注入了新的动力。

（2）交通网络建设加速

随着北京市交通基础设施的日益完善，一个现代化、综合性的旅游交通体系已经逐渐形成。这个体系以"快进""慢游"为理念，构建了包括高速公路、高速铁路、机场、车站、码头等在内的交通网络。这不仅加速了宾馆饭店、景区点等旅游接待设施的建设，也带动了旅游投资的持续升温，进一步增加了旅游供给，从而拉动了旅游消费的快速增长。在铁路运输方面，北京作为中心城市，正在加快建设一个以"八横八纵"为格局的高速铁路网，即覆盖全国各大城市，以特大城市如北京、上海等为中心，以省会城市为支点，形成了一个连接周边地区的高速铁路网络。这样的布局使得相邻大中城市间的交通时间缩短至1～4小时，城市群内更是只需0.5～2小时即可到达，大大提高了出行的效率。一系列交通运输设施的建设，预示着北京将迎来一个旅游业发展的繁荣时期。

（3）国际知名度的提升

随着一系列国际盛事的成功举办，如2008年的北京奥运会、2013年的北京国际园林博览会、2014年的APEC领导人会议、2015年的世界田径锦标赛及之后的中非合作论坛北京峰会等，北京已成为中国展示改革开放与现代化建设成就的标志性"窗口"。这一系列重大活动的举办，极大提升了北京的国际影响力与知名度，并且为北京的体育旅游产业带来了前所未有的发展机遇。如今，北京的体育旅游已不再是简单的观光游览，而是融入了国际赛事、文化交流和城市风貌体验等多元活动。

2. 北京市体育旅游资源

在 2008 年，北京以空前的热情与决心成功举办了奥运会，这一盛事的举办不仅促进了一批世界级体育场馆的建设，更在无形中推动了房地产、旅游服务、环保及电子信息等多个产业的飞速发展。奥运会的开展不仅促进了体育设施的完善，更为国际高水平体育赛事的举办打下了坚实的基础；不仅为城市带来了大批体育旅游观赛者，还为周边产业，包括餐饮、住宿、娱乐及体育装备制造等创造了新的发展机遇，形成了一个充满活力的体育旅游产业链。

北京的地理位置十分优越，体育旅游资源非常丰富，涵盖了体育运动、山地户外探险及高尔夫运动等多种形式，滑雪资源当然也非常丰富。随着2022 年北京冬奥会的召开，滑雪健身运动得到了众多游客的青睐。为了准备2022 年的冬奥会，国家建设了速滑馆、跳台滑雪场、越野滑雪场和冬季两项中心等设施，冬奥会后，这些场馆成为比赛场地和体育爱好者的休闲娱乐场所。此外，奥运村和媒体驻地在赛后被改建为旅游酒店或公寓，为游客提供了完善的基础设施和配套服务。这些举措不仅提升了北京体育旅游产业的吸引力，更为其发展注入了新的活力，这些宝贵的资源共同为北京的体育旅游产业描绘出了一幅繁荣发展的蓝图。

（二）北京市体育旅游产业发展与管理建议

北京市体育旅游产业以推动该产业生态系统的可持续发展为目标，不仅是为了打造一个健康的体育旅游环境，更是希望通过此产业的发展，促进经济的可持续发展，引领相关行业进行升级转型，最终实现社会经济的绿色、和谐发展。这一产业生态系统具有一定的复杂性，因此，在分析过程中，我们必须深入思考各种政策因素对系统的影响。这些政策变量可以是模型中的任意参数，它们的位置和数值对模型的反应灵敏度各不相同。特别是那些对模型反应灵敏度高的参数，它们就如同政策的杠杆点，对整体发展具有重要的指导意义。

政府在体育旅游产业系统中的角色至关重要。政府通过制定产业规划、政策引导及强化监管等手段，对产业运行发挥着积极的推动作用。同时，市场需求和预期性需求在市场中扮演着关键角色，它们共同影响着体育旅游产业系统的发展广度和速度。企业的规模、产品线及营销策略则对体育旅游产业系统的升级起着决定性作用。此外，相关产业的集聚和产品多元化通过产业融合进一步拓展了体育旅游产业的范畴。因此，为了推动北京市体育旅游产业的健康持续发展，我们选取了政府管理效益、国内游客数量变化率、企业费用变化率作为政策分析的变量，从政府、市场、企业和产业四个维度出发，提出了一系列具有针对性的建议。

1. 积极发挥政府的主导作用

政府在体育旅游产业发展过程中的角色至关重要，作为服务者和管理者，其管理职能的展现与上层制度框架的构建对产业健康发展有着深远影响。政府的管理效益指标是一个综合评价体系，涵盖了组织人事、资源分配、经济政策、旅游管理和服务效率等多个层面。这个指标的数值越低，意味着政府的管理效益越高，这对北京体育旅游产业的宏观发展环境有着直接的影响。指标的降低，实则体现了政府在体育旅游产业宏观管理方面水平的提升，展现出政府更为高效和优质的服务态度，为产业的蓬勃发展铺平了道路。

随着政府治理能力的稳步提升，整个体育旅游生态系统已步入良性循环的发展轨道，这不仅推动了旅游产业经济效益的提升，更实现了社会效益的增长。政府应敏锐捕捉体育旅游市场的发展机遇，以"创新、协调、绿色、开放、共享"的新发展理念为指导，精准调控市场秩序，从根本上优化体育旅游产业的发展环境。

（1）创新发展

在体育旅游产业的持续发展过程中，我们需要秉持创新的思维模式，积极推进产业升级与转型。以创新为驱动，推动产业向更高层次发展。这一过程不仅将促进北京市乃至京津冀地区经济的转型升级，更将引领体育旅游产业走向更为广阔的未来，实现区域社会经济的持续、健康、良性发展。

① 体制创新

体育城市发展的核心在于体制创新，这一过程离不开政府发挥的重要作用。体制创新的实施离不开改革的推动及法律的保障，因此需要构建一个由政府宏观调控、市场机制主导的产业资源开发新模式，此模式将促进资源的有效利用和利益的科学分配。同时，应拓宽投融资渠道，为产业发展注入更多活力。此外，建立高效的对话和协调机制对于体育旅游产业的发展尤为重要，有助于化解产业间和部门间的利益冲突，推动管理部门的重组，打破行业壁垒，清除政策障碍，进而实现产业融合与业态创新的跨越式发展。

② 模式创新

模式创新是推动体育旅游产业创新发展的关键环节，其核心在于构建综合性的体育服务体系。这一体系包括体育服务综合体，如城市中的多功能街区，集办公、娱乐、交通、文娱、餐饮、住宿等多种功能于一体，为居民提供全方位的体育服务。体育综合服务体系延续了工业时代城市空间的特色，与城市住宅、商业和休闲等业态深度融合，为市民参与体育竞赛、健身和培训等活动提供了便捷的配套服务。这一综合服务体系的有效实施，不仅延伸了服务产业链，更将传统的体育场馆从单纯的竞赛场所转变为集经营、公益和竞赛功能于一体的现代化服务实体。作为城市进步的鲜明标志，城市体育服务综合体在普及全民体育健康观念方面发挥了重要作用，同时也成为推动体育旅游产业快速发展的新动力源。除了显而易见的体育场馆设施，任何对体育旅游消费者具有吸引力的有形和无形资源，都可以被融入体育旅游发展的框架中，成为其发展的重要载体。特别是在以体育旅游为主题的城市综合服务体系的推动下，商业、文化、旅游和体育等元素被有机地结合在一起，不仅带动了相关产业的发展，更在北京市周边乃至整个京津冀地区形成了体育旅游的新热潮。随着旅游元素的不断集聚和融合，新兴的体育特色小镇在城镇发展过程中崭露头角。这些小镇以体育业和旅游业为两大发展支柱，政府引导民间资本的介入，通过完善基础设施，结合传统与现代的体育元素，与现代娱乐、科技相融合，为体育旅游产业注入了新的活力。

（2）协调发展

协调发展是指要积极推进体育旅游产业与城市经济社会的和谐发展，致力于北京市及其周边地区，乃至京津冀区域的产业联动。持续强化体育旅游产业的协同效应，推动基础设施、政策、人才的多方面协调发展，以实现全方位的体育旅游产业升级。

① 区域体育旅游产业协调发展

不同地区的体育旅游产业往往各具特色，北京市在推进当地体育旅游业发展时，需要着眼于更广阔的发展空间，精准定位自身在区域内的角色，利用自身优势，有计划、有步骤地推动旅游产业的升级。通过合理的资源分配和相关产业的协同合作，北京市的体育产业能够与周边地区形成互补，共同进步，打造一个良性循环的体育旅游生态圈，成为北京市经济发展的新动力。

② 体育旅游产业软硬环境协调发展

早在 2014 年，国务院就颁布了《关于加快发展体育产业促进体育消费的若干意见》（国发〔2014〕46 号），其中强调了基础设施的持续完善，旨在为产业发展奠定基础。该政策不仅彰显了政府为体育旅游产业营造的软环境，更凸显了体育旅游产业发展的硬环境需求。体育旅游产业的稳健发展与城市产业结构的优化，需要软硬环境的和谐共生与相互促进。政策在体育旅游产业发展中发挥着指导作用，指引着产业进步与转型，确保其健康、可持续发展。

在体育旅游的发展过程中，必须对整体发展进程进行合理规划，并遵循既定的规划科学发展。我们必须深入分析北京市的软硬件条件，尤其关注体育旅游资源的环境容量，以推动体育旅游产业的可持续发展。通过完善基础设施，提升城市运营效能，不仅可以拉动投资与消费的双重增长，还能扩大就业机会，为北京市乃至整个京津冀区域的经济结构调整和增长方式转型注入强大动力。

③ 体育旅游产业人才供需协调发展

体育旅游产业的繁荣发展需要人才资源作为支撑。随着体育旅游产业的快速发展，对于体育旅游营销、场馆管理、旅游宣传、旅游经济、户外运动指导及设备器材等专业领域的人才需求呈现出大规模增长的态势。这一朝阳产业正急需大量专业人才的加入，以支撑其持续发展。由于体育旅游产业本身的特点，人才培养体系的构建显得尤为重要，它不仅是产业高质量发展的关键因素，更是未来可持续发展的重要基石。因此，我们必须注重人才的培育和引进，打造一支具备高素质、专业技能强的体育旅游人才队伍。

鼓励高校根据自身实际情况设立相关专业，并加大投入力度来支持人才的培养工作。开展多元化的职业人才培训活动及体育经理人培养计划，以实现体育旅游产业的复合型人才梯队建设。通过校企合作模式，拓宽人才培养渠道，为退役运动员提供再就业培训。同时，强化国际体育旅游产业人才培养合作，建立体育旅游产业研究智库，深化产业理论研究，形成产学研一体的人才培养体系。政府及用人单位应完善人才奖励机制，为体育旅游产业的创新创业人才提供全方位的政策和资金支持，以激发其创新活力。

（3）绿色发展

绿色发展是体育旅游产业持续发展的必要条件，可分为绿色生产、绿色消费、绿色管理三个维度。

① 绿色生产

绿色生产理念逐渐在体育旅游产业中深入人心，旨在构建一个生态友好型产业链。该理念强调了均衡、节约、低碳、清洁、循环和安全发展路径，以实现产业的可持续发展。为了牢固树立这一绿色生产发展观念，我们不仅需要增加科技投入，还需要强调清洁和可再生能源的重要性，以提升资源使用效率，并减少资源的浪费，逐步建立一个循环发展的体育旅游产业体系，致力于资源的循环利用和废弃物的再利用。这不仅能够扩大体育旅游产业发展的深度和广度，还有助于提升其产业链的附加值。在规划和管理体育旅游产业时，我们可以将整个产业系统视为一个完整的生态系统，注重维护生物和生态的多样性，并持续扩大绿色生态空间的占比，构建一个科学且合理的生态安全框架，使体育旅游产业的发展与城市的资源、能源、环境和生态承载能力相协调。

②绿色消费

绿色消费指的是一种消费行为，旨在保护环境、节约资源、推动健康生活方式的形成。生产与消费之间存在着密切的互动关系，消费行为不仅受生产影响，还能反向推动生产的发展。在体育旅游领域，培养消费者的绿色消费观念尤为重要。这种观念是推动体育旅游产业向前发展的关键驱动力，同时也是确保其可持续发展的重要基石。政府在引导人们消费观念的形成方面扮演着举足轻重的角色。因此，政府应积极倡导体育旅游消费者在享受自然、追求健康的同时，注重生态环境的保护和资源的节约利用。这不仅是对现代舒适生活的追求，更是实现绿色消费理念的体现。

③绿色管理

作为引领体育旅游绿色发展的核心力量，政府应当肩负起自身的职责，为产业发展提供强有力的支撑。应依据体育旅游产业的实际情况，以创新和可持续的绿色发展理念为指导，制定产业政策和法规，规范产业发展方向。明确法律主体的责任与义务，通过实施一系列优惠措施，激发产业活力。同时，政府还需要发挥引导作用，推动体育旅游产业向更加绿色、健康的方向迈进，为民众提供更多优质的体育旅游体验。

（4）开放发展

在经济发展新形势的推动下，新的任务与挑战也在不断涌现。要想在体育旅游产业中把握竞争的先机，必须坚持开放发展的策略，构建起一个全方位、多层次的开放新格局。这不仅指产业、领域、区域的开放，更强调国际开放，为体育旅游产业的持续发展拓展了新的发展空间。如此一来，不仅能推动北京市的经济转型与升级，还能带动京津冀地区经济实现质的飞跃。

① 产业开放

体育旅游产业开放指的是产业内的企业主动与消费者、供应商、竞争者、技术型企业、学术界、研究机构及政府等多方主体进行开放互动。这种互动能够促进资源的有效利用，并催生产业内部的创新。构建一个开放的体育旅游平台，有助于知识的共享和创新，从而显著提升各参与主体及整体的创新能力，为产业的持续发展和创新提供源源不断的动力。

② 领域开放

领域开放是体育旅游产业迈向新纪元的必由之路，通过拓宽市场，开放商品市场、资本市场、技术市场以及劳务市场，体育旅游产业得以影响基础设施、保险、金融等多个产业和领域，构建起一个多元化、复合型的产业链条。积极推进体育旅游产业的拓展与融合，不仅能够使旅游产业链更加丰富，还与养老服务、文化创意、教育等产业融合发展。在建设旅游基础设施和服务综合体的过程中融入地产、交通、食品、住宿等元素，为相关企业提供开发体育旅游周边产品的契机。同时，鼓励创新的可穿戴运动设备、运动功能饮品及食品、营养保健食品的研发与营销，为消费者带来更为丰富的选择。此外，还可以在条件允许的地区建立徒步、骑行、汽车露营、船舶码头等多样的运动基地，为消费者提供多元化的体育产品和服务。不断挖掘行业新的经济增长点，优化体育旅游产业的布局，推动整个产业链向更高质量、更高效益的方向发展。

③ 区域开放

区域开放指的是依托北京得天独厚的地理位置，以体育旅游为突破口，积极整合资源，开拓区域发展空间，将体育旅游资源的开发与区域空间拓展紧密结合。规划区域体育旅游产业发展蓝图，以实现整体进步为目标，与邻近地区共同建立研究机构、协同创新中心及经营实体，共同推动区域体育旅游的蓬勃发展。

④ 国际开放

国际开放是指借鉴全球体育旅游产业的先进理念与实践模式，充分融合国际资源。通过深化国际交流合作，拓宽国际合作途径，积极寻求与海外高校、科研机构、创业企业等建立紧密的合作关系。同时，积极融入全球体育旅游创新网络，以此增强国际影响力，推动北京市体育旅游市场的发展壮大。

（5）共享发展

围绕产业资源的优化配置，实现资源共享是发展的关键所在，应充分挖掘地区优势，强化资源共享体制建设。这不仅能集中资源于核心区域和关键环节，还能为体育旅游产业的蓬勃发展提供持续动力。体育旅游的崛起不仅带动了北京市的社会、经济进步，还改善了生态环境，这些成果的共享将进一步推动城市的全面发展。

① 资源共享发展

一是加快体育场（馆）资源共享机制的建设与完善。北京与周边城市经常联合举办国内外大型体育赛事，可以以此为契机，推进资源共享机制的建立。通过这一举措，不仅可以对主要体育场（馆）的布局进行重新构建，还能激活区域内体育产业的存量资源。从整个京津冀地区出发，我们将各个场馆的互补优势充分融合，以科研为指导，通过详细论证和精心规划，对体育场馆资源进行更高效、更科学的配置。这一过程不仅提升了体育资源的利用效率，也推动了城市间的深度合作与共同发展。

二是构建体育旅游产业人力资源共享机制，以推动体育产业人力资源的深度开发与高效利用。逐步确立体育旅游专业人才认证标准，设立严格的资格认证体系，规范劳动力市场的秩序，为体育旅游行业提供智力支持。设立独立运营的人力资源共享服务中心，引入市场化运作模式，以服务产业发展为核心，创造更大的经济价值。通过此平台实现人才资源的优化配置，增强体育旅游产业的竞争力，并推动其持续、健康、快速发展。

三是建立与完善体育旅游产业的信息资源共享机制，这一机制包含市场价格、供需、信息传递、政策保障及动力与监督等多重机制。在北京，为完善此共享机制，需要秉持资源共享原则，打造专业化的信息交流平台，促进各城市与地区间的体育旅游产业深度交流与协作,以实现更广泛的信息共享。

在体育旅游产业的持续发展中,以优化资源配置为目标,推进体育旅游市场的一体化进程。通过建立资源共享机制,构建一个正式或非正式的商业联盟网络,以实现区域资源的整合。在此基础之上,打造京津冀跨区域市场联合体。此联合体将共享基础设施、消费群体及营销网络,以推动体育旅游产业的全面一体化发展。

②发展成果共享

体育旅游产业的飞速发展,为北京市的社会、经济和生态环境带来了巨大的改善,进一步推动了城市的整体进步。体育旅游产业的兴盛,如同一股强大的推动力,不断促进北京市基础设施建设的完善与升级。从城市道路到体育场馆,从体育公园到健身设施,每一项基础设施的建设都在改变着北京市的道路交通状况,使城市的交通更加便利,进一步提高了城市的可达性。这些硬件设施的改善,为各类经济活动的开展提供了坚实的支撑。通过公共资源的优化配置,公共服务的质量得到了显著提高,服务内容也变得更加丰富多样。市民们因此能够享受到更多元化的城市公共服务,生活条件得到了明显的改善。此外,还提高了市民参与体育锻炼的便捷性,直接促进了市民健康水平的提升。体育旅游产业的发展更是北京市生态环境优化的重要推手,为经济、社会、生态的协调发展注入了新的活力。其产业效益的辐射关联性极强,能够吸引并带动其他产业的发展,从而拓展产业的发展广度和深度,并为市场主体提供多种发展的可能性。

2. 构建体育旅游产业集群

北京市体育旅游产业发展的核心策略在于"产品多元、产业集聚"。应精心布局,打造独具特色的体育旅游示范区,与体育产业基地和旅游功能区紧密衔接。积极争取政策红利,拓宽融资渠道,以增强市场竞争力。这些举措将为体育旅游产业的稳健、长远发展提供强大支撑。

（1）构建体育旅游产业集群的优势

体育产业要想变得更有竞争力，关键在于培养企业创新能力。为此，发展体育旅游产业的集群模式尤为重要。集群的建构不仅能够增强内部企业的竞争压力，也使得不同企业之间可以相互借鉴，共享资源。随着产业集群效应的加强，企业间的竞争压力日益明显，但这也催生了更多的合作机会。各企业利用相邻地理位置的便利性，以低廉的交流成本，结合行业领军企业在产品设计、品牌塑造及市场营销上的优势，共同推动整个行业在多个方面实现创新与进步。这种协同发展的模式，在技术和知识领域形成"溢出效应"，不仅在市场营销和产品设计上取得突破，还在运营管理、服务体验等方面也持续进步。企业间的合作与竞争关系愈发紧密，协同发展的理念得到进一步深化，从而有力地推动了体育旅游产业的持续繁荣与发展。这种产业发展的新模式，不仅为体育产业注入了新的活力，也为整个产业链的升级提供了新的可能。

体育旅游产业集群的兴起，对塑造独具特色的地域标志性品牌意义重大，进而强化产业的综合实力。产业集群内各企业，在紧密的协同合作与良性竞争中，围绕核心产业及配套服务构建了互利共生的关系网。这一关系网不仅对培育具有地方特色的体育旅游服务项目至关重要，更对打造独具魅力的地域体育旅游品牌具有决定性影响。

如今，各国的体育旅游项目都在蓬勃发展，如马尔代夫的运动休闲旅游、巴厘岛的热带风情旅游及阿尔卑斯山的滑雪旅游等，都已成为世界闻名的国家或地区特色体育旅游项目。这些特色旅游的蓬勃发展离不开专业的服务和完善的体育旅游设施，这背后是雄厚的资金支持和高质量人才队伍的辛勤付出。通过产业集群的强大效应，资金投入、市场营销、人才培养和基础设施建设等方面都得到了一定程度的发展。这种区域体育旅游品牌的深远影响力，不仅提升了体育旅游产业的整体竞争力，还大幅提升了区域形象，增强了城市的国际知名度，为开拓全球市场注入了新的活力。

体育旅游产业集聚有助于降低企业运营成本，整合产业内的资源，使其发挥最大价值。产业集群能够形成一定的聚集效应，不仅会促进政府加大对该区域交通网络和公共设施的投入，而且这些完善的基础设施和便捷的交通网络会吸引更多企业入驻，促进产业内部良性循环发展。同时，企业内部可共享区域内的公共资源，进一步提高了公共资源的利用效率。这种产业集聚还会促进人才的集聚，构建起区域性人才市场，企业能更高效地找到符合业务需求的人才，从而降低人力资源成本。这样的良性发展模式，将推动整个产业和区域经济的持续繁荣发展。

（2）北京市体育旅游产业集群发展模式

产业集群发展模式有不同类型，针对北京市体育旅游产业的现状，现阶段更倾向于发展区域品牌型和龙头企业带动型的产业集群模式。

北京市龙头带动型产业集群发展模式，以精准的市场调研和资源的深度挖掘为前提，积极推动体育旅游业的龙头企业发展壮大。这些企业不仅拥有强大的发展潜力与创新实力，且在消费者群体中的知名度较高。通过这样的集群发展模式，龙头企业的引领作用能够被充分发挥出来，它们与众多中小企业间建立了密切的合作关系。这有助于提升中小企业的创新能力与运营水平，进一步丰富体育旅游产品，拓展产业链。在互利共赢的良性互动中，实现了体育旅游产业内各要素的持续、和谐发展。

在区域品牌型体育旅游产业集群发展模式下，北京市体育旅游的推进以本土资源为根基，以凸显其独特性为核心。我国地域辽阔，地形多变，民族特色文化丰富。因此，依托区域内的独特资源，是我国体育旅游产业未来的重要发展方向之一，能够给游客带来独具特色的旅游体验。

随着体育旅游产业的持续发展，行业竞争的焦点正逐步从单纯的景点和线路之争，走向区域联合竞争的阶段。未来，各地体育旅游产业将以知名区域品牌为核心竞争力，以一批实力强大、独具特色且布局科学的企业为引领，推动体育旅游产业的集群化经营和发展。这些企业将充分利用所在区域的体育资源，打造地域特色品牌，通过企业间的强强联合，使体育旅游产品种类更加丰富，使体育旅游产业的集群化建设更加完善。北京市应积极利用当地的独特优势，精心打造具有国际影响力的体育旅游区域品牌，为产业的快速、健康、可持续发展注入强大动力。

3. 提高体育旅游企业管理水平

进一步提高旅游企业的管理水平是提升其盈利能力的关键。随着现代信息技术的飞速发展，体育旅游企业的管理正经历着前所未有的变革。这种变革不仅优化了企业的组织架构，还催生了市场营销的新模式，并完善了产品结构，为体育旅游企业带来了全方位的进步。

（1）调整体育旅游组织结构

在信息技术飞速发展的时代，体育旅游企业应当抓住机遇，加快企业管理的现代化、智能化和数字化进程。应勇于创新，积极借鉴国际领先的商业管理策略，构建与全球市场相匹配的体育旅游企业管理与运营体系。在全球化、市场化、信息化的背景下，企业内部管理组织将朝着网络化、扁平化、灵活化的方向发展，以适应不断变化的市场需求和消费者行为。

此外，体育旅游企业还可以借助先进的计算机网络技术，通过动态联盟的方式，实现数据资源的共享。这一模式能够将原本零散的资源、技术和信息进行有效整合，使企业能够在降低运营成本的同时，更深入地挖掘消费者的需求。根据市场需求，企业可以通过动态联盟模式深入分析体育旅游的各项功能要素，选择最佳的资源合作方案。这样一来，系统内的各种资源可以灵活组合，形成一个功能体，以达成特定的目标。

（2）拓展体育旅游营销渠道

充分利用现代科技的巨大优势，特别是日新月异的网络技术。在信息化时代，体育旅游企业应当充分发掘互联网的巨大潜力，构建一个立体的、多维度的营销网络。通过营销和宣传策略的创新来刺激公众对体育旅游的消费需求。随着互联网技术的发展，体育旅游的需求逐渐趋向于个性化和差异化。因此，营销策略也必须紧跟时代潮流，以适应消费者多样化的需求。企业可以利用网络平台推广体育旅游产品和服务，旅游者则可借助先进的数字技术和虚拟现实技术，体验独特的旅游项目。

随着时代变迁，现代生活节奏越来越快，人们更倾向于追求便捷高效的服务方式。体育旅游网站以其强大的存储功能和及时的信息更新等优势，成为体育旅游爱好者搜集信息资源的宝库。只需轻点鼠标，消费者便能自由规划出行方式，或者根据自己的需求预订食物，甚至自发组织旅行团队。这样的个性化旅游体验方式，使得未来的体育旅游逐渐演变为一种无障碍的、基于网络技术的直接营销模式。这种模式打破了传统限制，让供需双方能够无缝对接，共同创造更多元、更个性化的体育旅游体验。

（3）完善体育旅游产品体系

在体育旅游产品内容上，北京市根据自身的具体情况及发展需求，已形成了一个多元化、多层次的旅游产品体系。该体系涵盖了体育赛事、体育场地、体育演艺及体育节事等多个领域，为游客提供各种类型和层次的旅游产品。该体系通过创新产品和项目的推出，力求满足消费者在体育旅游方面的多样化、个性化及差异化需求，从而推动体育旅游产业及相关产业的发展。考虑到消费者的不同背景，如收入、性别、个人喜好及特长等，体育旅游消费需求也呈现出个性化特征。

在体育旅游产品的设计和开发过程中，需要精准洞察不同群体的需求。因此，应精心设计具有差异化的体育旅游服务，以应对细分市场的不同需求。既要为中高消费群体提供精品体育旅游项目，也要为大众提供经济实惠的旅游选择。通过灵活的产品组合策略，广泛覆盖各类消费人群，这样不仅能提高企业的盈利能力，还能进一步增强企业的综合实力。

围绕地域文化特色，打造独特的体育旅游产品。北京作为文化底蕴深厚的城市，拥有丰富的体育旅游资源。应融合北京的地域文化特征，根据地域差异，塑造出别具一格、风格独特的体育旅游产品，避免产品之间出现同质化现象，为游客提供更多富有特色、高质量的体育旅游体验。

4. 加强整体促销和客源市场开发

（1）着力发展国内体育旅游市场

① 提高大众参与体育的兴趣，培育体育旅游群众基础

如今，国内的体育旅游市场潜力巨大，体育旅游发展正迎来前所未有的机遇。全民体育健身计划的推广，激发了个人和家庭对体育健身的投资热情。为了满足人民群众多样化的体育需求，应积极开发多元化的体育旅游产品，引导民众扩大在体育领域的消费需求。在大众体育的发展过程中，必须注重体育基础设施的建设，以满足群众的锻炼与健身需求。同时，也要实施相应的措施来提高群众参与体育活动的便利性和娱乐性，推动体育旅游产业的繁荣发展。

② 对体育旅游进行消费市场细分

体育旅游需求正朝着多元化、个性化方向发展，不同群体对体育旅游产品有不同的需求。国内游客的产品需求受到经济、社会发展状况及教育水平、身体条件等多重因素的影响。因此，在开拓市场和设计产品时，应深入了解各类人群的消费需求。在进行市场细分后，精准锁定目标客户群，根据其差异化需求，采取定制化的营销策略。同时，还需不断创新产品，以适应不断变化的旅游消费趋势。

③ 加大宣传力度，拓展体育旅游客源市场

各级政府需要以本地资源为根基，进行深入的市场调研，策划适合的推广活动。运用互联网、电视、报纸等传媒工具，对本地特色体育旅游资源进行广泛传播，使其深入人心，进而吸引更多人对体育旅游产生兴趣。通过舆论引导，激发大众对体育旅游的参与意识，发掘潜在的客户群体。同时，要充分发挥博览会的宣传平台作用，利用展会的体验环节深化人们对体育旅游的理解。展示本地的独特旅游项目，让参观者深刻感受到体育旅游的广阔前景和独特魅力。

（2）适度开发国际体育旅游市场

① 加大对外促销宣传力度

运用多种方式进行促销宣传，以多元渠道为媒介，策划全面立体的推广

活动。体育旅游企业需要积极拓展宣传途径，充分利用外部资源，如与其他组织机构合作，举办海外专场推介会。同时，驻外旅游办事处的广告投入与产品宣传力度也需要持续增强，并致力于挖掘潜在市场，开拓国际体育旅游的新市场。

②积极推进"引进来"与"走出去"相结合的战略

我国体育旅游的发展与西方发达国家相比，尚处于初级阶段，虽然当前的管理和运作方式与世界领先水平有着显著差距，但我们也应该意识到这一领域巨大的发展潜力。因此，我们要积极与发达国家的体育旅游企业在景区开发及运营方面开展合作，借鉴其先进的管理经验和技术优势。同时，根据本地特色和实际需求，引进一些独具特色、受众广泛的国外体育旅游项目，不仅能满足民众多样化的旅游需求，还能有效提升我国体育旅游的国际影响力。在实施"引进来"策略的同时，我们也应该积极推动国内企业"走出去"，通过直接投资、合作开发等方式，广泛拓展国际市场。积极利用政策红利，与国外实力强大的旅游企业开展合作，扩大品牌影响力，拓宽企业发展之路。这样不仅能让我们的体育旅游产业更加国际化、专业化，还能为民众带来更多元化、更高品质的旅游体验。

③在开拓旅游市场的过程中，融入中国元素

在发展体育旅游的过程中，我们要大力挖掘中国文化的深厚底蕴和多元魅力。将中国元素巧妙地融入体育旅游的各个环节，借鉴各民族文化特色，为体育旅游注入新的文化活力。这样不仅能够给游客带来更好的体验感，还能弘扬中国传统文化，塑造独具特色的体育旅游品牌文化，让世界感受到中国文化的博大精深。

应利用好国内市场，以此促进北京市体育旅游产业的发展，以本地特色资源为依托，借鉴国际先进经验，融合国际国内市场，打造独具特色的旅游品牌，使其在激烈的市场竞争中立于不败之地。

二、大连滨海体育旅游产业的发展与管理

（一）大连滨海体育旅游产业的发展优势

1. 体育观念常态化

相较于精英体育，大众体育更受人们的广泛欢迎，这是因为精英体育的竞技要求较高，而大众体育则是以休闲体育、体育旅游活动为主的体育。在这种体育方式的背景下，更能给大众带来积极的自我效能感，并逐渐形成"参与—高效应—参与"的滨海体育旅游活动的有效反馈。如奥运会、亚运会、全运会、马拉松、中超联赛等多种体育赛事的举办，促进大众改变了生活方式和体育观念。随着体育观念的不断强化，滨海体育旅游也逐渐成为一种生活休闲方式，并为体育产业的发展带来了强大的推动力。

2. 丰富的自然资源和体育旅游资源

大连作为中国海岸线最长的城市之一，拥有长达约 2 211 公里的海岸线，有着众多海岛与海湾，且自然资源十分丰厚。大连属于季风性气候，全年气候较为温和，空气湿润，为游客提供了宜人的游玩环境。大连的地貌丰富多彩，既有广袤的山林与起伏的丘陵，也有形态各异的海岸景观，这些自然奇观为体育爱好者提供了广阔的舞台，不仅适宜发展旅游业，同时也适合开展各类体育赛事。如探险、冲浪、游泳、沙滩项目、马拉松等。此外，大连还以一系列知名的旅游区和国际性活动闻名遐迩，如金石滩国家旅游度假区、金州大黑山生态宗教旅游区、庄河冰峪沟风景区，而国际樱桃节与国际温泉滑雪节等特色节庆活动，更是将旅游与文化、娱乐深度融合，吸引着海内外的众多游客前来游览，形成了全域"旅游+"融合的发展模式。

大连不仅以其美丽的海滨风光闻名遐迩，更在体育界占据着重要的地位。2020 年，大连作为中国平安中超联赛两大核心赛区之一，承接了 A 组的 8 支球队的比赛。不仅如此，大连还频繁成为国际游泳大赛、全国篮球比赛及全国乒乓球比赛等重大体育赛事的优选举办地。这一系列高规格、高水

平的赛事活动，不仅彰显了大连在体育领域的强大组织能力和影响力，更极大地丰富了城市的体育文化氛围。大连得天独厚的自然资源与深厚的体育资源及丰富的旅游资源相得益彰，三者之间紧密交织，相互促进，为大连市发展独具特色的滨海体育旅游产业提供了坚实的基石。

3. 大众体育和休闲旅游消费需求层次提高

体育旅游消费的结构整体是一种金字塔形状，其中在金字塔的塔尖部分就是观赛旅游，中间主要是以参与互动体验为主的运动休闲旅游，最底层则是赛事举办地的参观游览与体育文化交流。据统计，2018 年，大连全市实现旅游总收入 1 440 亿元，同比增长 12.49%。2019 年，大连市旅游总收入达到 1 657 亿元，增长 15.1%。

在大连市的经济发展中，第三产业在 2018—2019 年间所展现出的强劲增长态势。具体而言，这一时期内，大连市的第三产业增加值从 2018 年的 3 743.3 亿元跃升至 2019 年的 3 984.2 亿元，同比增长率均高达 2.9%，这一数据不仅彰显了大连市经济结构优化的成效，也预示着经济活力的持续释放。伴随着经济总量的稳步攀升，大连市居民的生活水平亦得到了显著提升。在这一背景下，人们开始追求更高层次的体育旅游需求，其消费观念逐渐向享受型消费偏移，也就是注重休闲旅游和大众体育等活动。尤为引人注目的是，以观赛旅游和运动休闲为核心的滨海体育旅游模式，凭借其独特的互动体验与高度的参与感，在大连市乃至更广泛的地域范围内迅速崛起，进一步提高了大众对滨海体育旅游消费的需求。

（二）大连滨海体育旅游产业的发展劣势

1. 缺失文化底蕴

滨海体育旅游产业的繁荣，关键在于体育资源与旅游资源的深度融合，这种融合建立在共享的文化根基之上，并通过共同的文化内涵来增强吸引力。体育产业深受体育精神与文化的鼓舞与推动，展现出蓬勃生机。然而，在大连市的海岛小镇，居民对体育的认知不足、消费意愿较低，这主要归因于海岛特有的传统文化环境。这种内生性因素限制了体育旅游项目的创新性和深度发展，使得小镇的环境资源与旅游规划缺乏文化底蕴的支撑。由于缺乏蕴含文化特色的滨海体育旅游品牌作为内在动力，这些小镇难以构建起具备长期影响力的产业发展模式，也就无从谈起规模化经营。所以，由于旅游产品在设计上缺乏文化底蕴，往往只能吸引追求短期体验、一次性消费的游客群体，直接导致了游客重访率低下的现状。

2. 项目趋同化严重

全产业链模式作为一种产业发展策略，其核心在于以实物资源或服务性主体的供给资源为基础起点，通过深度挖掘并有效利用多个产业之间的内在联系与互补性，构建出复杂而多层次的终端产品。大连市尽管坐拥得天独厚的滨海自然资源，其体育旅游产品的开发现状却相对滞后且产品种类单一，缺乏足够的多样性与创新性，市场上同类产品同质化现象严重，难以形成独具特色的产业链闭环。在这种背景下，不仅阻碍了滨海体育旅游产业自身的长远发展，还阻碍了其与其他相关行业形成有效的产业集聚效应，进一步削弱了产业的综合竞争力。因此，对于大连市滨海体育旅游产业而言，差异化项目的开发已成为突破当前发展瓶颈、实现转型升级的关键路径。

3. 旅游季节性差异明显

滨海体育旅游产业只有形成全域性旅游形式——"全时间、全空间、全过程"，才能形成新型产业的龙头效应。然而，在大连市滨海体育旅游产业的实践探索中，一个显著的现象是产业运营深受季节性波动影响。具体而言，以大连市长海县为例，季节性气候成为制约海岛体育旅游发展的关键瓶颈。随着夏季旅游旺季的到来，游客量激增，给当地景区带来沉重的接待压力，不仅影响了游客的游览体验，更降低了游客的重游意愿。相反，在冬季，游客数量骤减，导致大量滨海体育旅游服务设施处于闲置状态，造成了资源的极大浪费。这种明显的季节性特征，不利于长期维持休闲旅游与体育活动的吸引力，对产业的可持续发展构成了严峻挑战。因此，如何有效缓解季节性波动带来的不利影响，是推动大连滨海体育旅游产业高质量发展的关键问题。

（三）大连滨海体育旅游产业的发展与管理机遇

1. 产业结构升级

到了 21 世纪中叶，中国海洋经济预计将迎来显著增长，其增加值有望占据国内生产总值的 1/4。通过对能源效率测度数据进行综合分析，可知沈阳与大连两大核心区域实现了能源效率与产业结构的紧密耦合，展现出高效能的发展特征，而省内其他地区则相对滞后。在此背景下，辽宁沿海经济带，尤其是大连市，作为先行者，正积极引领产业结构转型升级。这一转型战略聚焦于加速发展以服务业为主导的第三产业，特别是充分利用旅游业这一高附加值产业的吸引力，不仅因为旅游业本身具备强大的资本吸引能力，还因为它与体育产业的深度融合——滨海体育旅游产业的兴起，为区域经济发展注入了新的活力，同时也促进了滨海体育旅游产业形成"低成本，高收益"经济优势和多元的全产业链体系。

2. 宏观政策的支持和鼓励性措施的引导

为了贯彻落实国务院及辽宁省人民政府的各项政策指导，大连市人民政府根据近年来滨海体育旅游产业的快速发展情况，联合发改委、体育局、文化和旅游局、海洋局等部门，制定并实施了一系列严谨的法律规制和有利于产业发展的政策措施。

3. 现代化城市标向的跃迁

目前，现代化城市的重点发展指标是城市战略现代化、城市生产现代化、城市生活现代化，而其转型方向则是城市经济建设和行业结构改革。随着体育产业和旅游产业的跨界融合，逐渐形成一种新型的产业形式——滨海体育旅游产业，我国的体育服务产业远低于欧美等发达国家的体育产业发展，并且在我国体育产业经济汇总的占比较低。大连市滨海体育旅游服务产业在现代化城市发展标向转型的背景下，有着较大的发展空间，因此，大连市要充分利用本市的资源优势，刺激产业改革和融合发展，进而提升大连市现代化城市综合水平。

（四）大连滨海体育旅游产业的发展与管理挑战

1. 基础设施不健全

从广义的角度来看，基础设施指的是支撑社会生产与生活所必需的公共服务性物质设施。任何行业或产业的发展，都依赖于与之相匹配的基础设施作为稳定运行的基石。有学者特别强调体育与旅游设施融合的重要性，并主张将这些融合后的设施纳入景区规划，并将其作为衡量景区评级的关键硬性标准。具体到滨海体育旅游产业，其基础设施主要是公用设施的建设，包括与体育和旅游相适配的交通、医疗、通信和教育等。目前，大连市长海县海岛体育旅游的产品配套设施不完善，游客对其评价也较低。

通过对大连市将军石运动休闲特色小镇的水上和山地运动功能区的探索和研究，发现该地区存在设施建设不完善的情况，主要是高风险设施的建设，包括设施设备、道路交通、安全救援等。如果基础设施建设与产业结构不适配，那不仅不利于产业内部的协同发展，同时产业之间也难以实现协同发展，进而难以实现全域性体育旅游。因此大连市滨海体育旅游产业应该重视这方面的建设与完善，争取早日实现全域性体育旅游。

2. 产业供需存在矛盾

供给需求的耦合作用是滨海体育旅游产业发展的核心影响因素。以大连市金石滩体育旅游景区为例，该区域在快速发展期的目标就是要优先发展经济，因此吸引了大量资本涌入，成功构建了"大型、高端、外向型"的项目基地。然而，这一时期国内旅游市场需求的发展还处于起步阶段，游客的消费能力与金石滩所推出的高端体育旅游产品之间存在明显落差，导致产业供给侧结构性失衡，难以满足市场需求。与此同时，长海县作为体育海岛旅游的代表，其旅游旺季时体育旅游需求旺盛，远超现有资源承载能力；而淡季则恰恰相反，资源过剩与需求不足并存，这一供需错配现象成为制约滨海体育旅游产业进一步发展的瓶颈。

随着社会经济持续进步，居民收入水平稳步提高，消费观念与行为日益多元化、高端化，滨海体育旅游产业的需求也在不断扩大，并且其资源供给也在逐步增加，进而逐渐形成了合理的耦合效应，同时，滨海体育旅游产业的发展导向也逐渐以供给需求的耦合为主。

3. 宏观调控和监管不力

在我国滨海体育旅游产业的发展中，政策效率是影响其发展效率的主要因素。根据对大连市旅游产业发展的政策合理性预期分析，可知滨海体育旅游产业的建设存在众多问题，其中包括海洋污染、交通拥堵、重复建设等。另外，近年来大连市国内游客接待人数增长趋于平缓，旅游外汇收入占比也呈现出逐年下降的趋势。

大连市滨海体育旅游产业的快速发展过程中，有着许多不合理的现象，这些现象深刻揭示了宏观政策调控的不科学。政策监控作为产业发展全生命周期的关键环节，其效能常受限于多重挑战，包括但不限于决策者的有限理性局限及既得利益偏好的影响。在这些因素的共同作用下，政府公共权力可能偏离其初衷，宏观调控与监管措施无法充分施展其应有的效能，从而在一定程度上削弱政策执行的有效性和精准度，难以充分保障政策目标的顺利实现与落地。

（五）大连滨海体育旅游产业发展与管理的优化路径

1. 滨海体育旅游产业的发展与管理路线

精准识别并充分利用滨海体育旅游产业的内在优势与外部机遇，作为驱动产业发展的核心动力。同时，正视并转化挑战为发展契机，积极应对并解决产业发展过程中存在的劣势问题。通过强化优势与劣势之间的互补效应，以及内部资源与外部环境之间的协同联动，实现产业整体效能的最大化。为了优化我国滨海体育旅游产业发展的路线，下面主要提供几点新思路。

（1）整合各种资源，形成产业发展的资源支撑，包括自然资源、体育资源、旅游资源和产业资源。

（2）随着社会的快速发展与经济水平的增长，人们的生活水平也在逐步提高，在此背景下，人们形成了终身体育观念，并且对休闲旅游的需求和消费水平也在逐步提升。因此，我国应该积极调整产业消费需求，促进滨海体育旅游产业的发展。

（3）坚持完善配套基础设施的建设，同时还要在红利政策和鼓励性措施等政策的引导下，加大对产业的宏观调控和监管力度。

（4）紧握产业结构优化升级和现代化城市发展的历史机遇。通过精准施策，有效解决产业季节性差异的问题，让滨海体育旅游产业在不同季节都能保持活力。同时还要增加产业的文化内涵，积极发展异质化项目，进而通过这些措施来调整滨海体育旅游产业的供给。

2. 大连滨海体育旅游产业发展与管理优化路径的阐发

（1）以利好政策形成长效吸引并带动基础设施的建设

在滨海体育旅游产业的宏观管理框架下，构建由国家主导的"一体化管理体制"的监管是十分关键的，有助于实现政策引导与宏观资源配置的高效协同。为了实现这一目标，一是要利用积极性政策的引导，吸引资本精准注入。滨海地区要积极构建一个产业链与配套产业共同推进的双驱动发展模式，具体可以强化资源整合与产业集聚的战略布局，促进资本流动与产业成长间的良性互动，进而推进基础设施建设步伐，共同推动产业升级。二是增强对滨海体育旅游产业的监督与管理强度，是确保政策红利精准落地、维护市场秩序的基石。这一举措不仅能够保障政策执行的有效性，还有助于促进产业发展信息与政策制定的双向反馈机制，确保政策调整紧跟产业实际需求。通过构建健全的监管机制，红利政策被转化为产业发展的坚实后盾，为滨海体育旅游产业的持续繁荣提供了强有力的制度保障。

（2）加强自然资源、体育旅游资源集聚和产业资源整合

集聚效应是扩大经济产业和优化产业模式的基石。滨海体育旅游产业的扩张与优化，核心在于发挥集聚效应。该产业的广域性增长要求深化产业间合作，并强化与市场的无缝对接，这一过程促进了自然资源、体育资源、旅游资源及产业资源的高效集聚与整合。通过产业间的集聚与整合策略，滨海

体育旅游产业能够显著增强吸引力，进而开辟全域性经济产业发展的新路径。具体而言，形成全域性经济产业发展的思路主要有三点：第一，坚持"互利、互惠、共赢"原则，增强产业间聚合力，促进产业协同，以此提升整体经济规模效益。第二，依托资源整合，推动产业集聚向新型业态结构转型，实现产业升级。第三，利用滨海体育旅游产业的带动作用，扩大主体产业规模，为消费市场供给多样化的实体与服务型产品。

（3）引导大众体育旅游的观念形成普遍共识

滨海体育旅游产业是一种紧密契合了现代化城市化进程中战略现代化、生产现代化及生活现代化发展要求的新型体育产业形式。构建滨海体育旅游产业的核心在于打造一个群众基础广泛、服务形式多元的体系，旨在满足不同群体的个性化需求。然而，更为重要的是，需积极引导大众参与到高质量、高层次、广泛普及且合理规划的体育旅游活动中来。这不仅能够提升大众的生活品质，还能促使滨海体育旅游产业形成对大众消费的长期、稳定吸引力，进一步推动该产业的可持续发展。

（4）调整产业供需矛盾

滨海体育旅游产业是一种依据体育资源和旅游资源整合而形成的新发展业态，是在无特殊差异化的社会环境中形成的，但是由于不同地区的自然环境存在一定的差异，因此产业内的具体业态形式也有一定的差异。

在优化体育与旅游资源供给输出方面，为了增加消费满意度，并有效缓解产业季节性的供需矛盾，可以专注于滨海体育旅游差异产品与错位经营道路的"互补式开发"。具体措施聚焦于两大核心方向：首先，深入挖掘滨海地区独有的文化底蕴与自然风貌，打造一系列别具一格的体育旅游品牌项目。在这一过程中要注重强调对稀缺与独特价值的挖掘，通过精心策划与设计，强化滨海体育旅游在产业中的核心竞争力，促进高质量产品集群的形成与供给。其次，深入分析大众参与滨海体育旅游的动机与需求变化。通过收集并分析消费者的直接反馈，指导产品与服务的持续优化升级，形成"消费反馈再消费"的良性循环。通过精准把握市场动态，刺激产品供给的活力与多样性，提升滨海体育旅游的整体消费频次与消费额度。

（5）增加文化内涵

从产业战略视角出发，滨海地区应该积极构建一个具有丰富文化吸引力的异质性产业服务体系。具体可以在滨海体育旅游产业架构中深度融合该地区独有的文化风貌与民俗风情，实施精准化、高效化的文化资源配置策略，通过创新整合手段，构建产业服务体系。从大众消费主体来看，滨海体育旅游产品应该具有文化内涵，并要贯穿于大众体育旅游的生活休闲观念和消费习惯中，以文化聚合作为连接大众与滨海体育旅游的桥梁，促使滨海体育旅游产业成为国民经济发展的重要部分。

三、呼伦贝尔市体育旅游产业的发展与管理

（一）呼伦贝尔市体育旅游资源概况

呼伦贝尔有森林、湿地、冰雪、草原、河湖等丰富的自然资源，并且还有多元的人文景观，主要有民族文化、历史文化、森林文化、草原文化等，呼伦贝尔的众多自然资源与人文景观，促使当地形成多元化的体育旅游特色项目。这些资源不仅品质优良、类型丰富，同时其分布也十分广泛，呼伦贝尔体育旅游发展奠定了坚实的基础。

1. 地理地貌体育旅游资源

（1）山林草原旅游资源

呼伦贝尔市的草原是我国保护较为完好、纬度最高、位置最北的天然草原，其面积高达 1.49 亿亩，占内蒙古全区草原面积的 11.4%。自大兴安岭以西，草原面积达 1.21 亿亩，占全市天然草原总量的 81.3%，并且在这一区域中，草原分布较为集中，且多呈片状分布，是呼伦贝尔市最重要的天然草原之一。此外，呼伦贝尔草原类型也十分丰富，整体可分为六大类，分别是山地草甸、丘陵和山地草甸草原、沙地植被草地、平原丘陵、干旱草原及低地草甸草场等。草原环境中有着丰富的生态植物资源，构建起独特的植被群落。

草原资源的丰富性极大地推动了草原体育旅游产业的蓬勃发展，该产业以其高度的刺激性、广泛的参与性和独特的趣味性为特点，集健身、体验、休闲、娱乐等多重功能于一体，为游客提供了新颖别致的旅游体验。当前，草原旅游已成为夏季热门旅游目的地的重要选择之一，这为呼伦贝尔等草原地区的旅游市场开发创造了前所未有的发展机遇。同时，随着经济的快速发展，人们的经济水平也逐渐提升，并且伴随着人们闲暇时间的增多，参与草原旅游的群体日益壮大，无论是跟团游还是自驾游，均呈现出快速增长态势。在草原体育旅游项目中，骑马作为传统且最具代表性的活动，持续吸引着大量游客。同时，射箭项目也深受大众喜爱，并在现代体育活动中占据重要位置。近年来，草原景区更是不断创新，引入了滑草、滑翔机、越野车等新兴的竞技类体育旅游项目，这些项目以其独特的魅力，迅速在年轻旅游群体中走红，进一步丰富了草原旅游的内涵与体验。

呼伦贝尔市除了有丰富的草原资源之外，还有众多的山地资源，其中大兴安岭就是一大山脉。此外，还有龙岩山和众多著名的佛教名山，因此，呼伦贝尔市应该充分利用山地资源，开发出多样化且趣味性高的体育旅游项目，如徒步、森林探险、登山旅游等。

（2）湿地河湖旅游资源

呼伦贝尔地区共有299.28万公顷的湿地资源，占据了该市国土总面积的11.8%，并占据了全市湿地面积的 49.8%。湿地作为自然生态系统的重要组成部分，承载着多种生态功能，包括维护生物多样性、提升水质质量、优化水文循环等，同时还展现出极高的自然景观价值。在规划的核心区域内部，湿地分布广泛且密集，涵盖了诸如根河、伊敏河、辉河、海拉尔河、呼和诺尔湖、额尔古纳河、乌尔逊河以及呼伦湖等众多湿地类型。

呼伦贝尔境内主要有嫩江水系与额尔古纳河水系两大主干水系，大兴安岭作为这一地区的天然屏障与水源发源地，不仅分隔了东西两侧的水文系统，也孕育了丰富的水系网络。具体而言，嫩江水系在大兴安岭的东侧，总流域面积达到 99 811 平方千米，占据了呼伦贝尔市总面积的39.4%。而额尔古纳河水系则位于大兴安岭西侧，其流域面积为 153 520 平方千米，占据了全市总面积的 60.6%。另外，在呼伦贝尔市密布着超过 3 000 条的河流，其中有 63 条河流的流域面积超过了 1 000 平方千米。

呼伦贝尔市内有 500 多个湖泊，主要较大湖泊有呼伦湖、贝尔湖、呼和诺尔湖、查干诺尔湖、乌兰诺尔湖等，其中呼伦湖不仅是内蒙古自治区最大的淡水湖之一，也是中国北方最大的淡水湖之一，湖泊的流域面积达到 2 339 平方千米。

呼伦贝尔市有着众多水系，因此当地可以依据这些水系来开发一些体育旅游项目，对于那些有落差的河流，可以开发漂流等项目；对于那些静水水域，则可以开发钓鱼等旅游休闲项目。其中，最著名的就是位于满洲里市的呼伦湖的垂钓，该景区为游客提供了小型船艇，供游客垂钓游玩、欣赏美景。

2. 气候体育旅游资源

呼伦贝尔市是我国的极寒地点之一，主体位于中温带和寒温带之间，冬季时间较长，冰雪期长达 7 个月，并且极为寒冷。在这里，最早 10 月初就会出现降雪，直至次年 4 月份冰雪才逐渐开始消融。在呼伦贝尔市，根河市以其年均气温低至 -5.3 ℃的纪录，成为全国气温最低的城市之一，其历史最低气温更是惊人地达到了 -58 ℃。另外，呼伦贝尔市冬季平均积雪深度达 18～50 厘米，同时由于冬季时间较长，形成了独特的冬季景观——"千里雪原、万里冰林"。

呼伦贝尔地区有着得天独厚的地形与气候条件，并且还有着丰富的冰雪资源与山脉资源，因此在这一基础上，呼伦贝尔市十分适合开展冰雪体育旅游项目。当前，该地区积极响应市场需求，已成功构建起冰雪旅游体系，目前正常运营的滑雪场数量达到九座，其中牙克石凤凰山、扎兰屯金龙山和海拉尔东山等滑雪场都是规模宏大、设施完善且备受游客赞誉的滑雪场。海拉尔东山滑雪场所处位置十分优越，不仅距离海拉尔机场较近，并且距离市中心也较近。海拉尔东山滑雪场面积可达 1 200 平方米，同时还提供专业教练指导，能够为游客提供良好的滑雪体验服务。另外滑雪场还针对儿童建造了冰雪园,有着丰富的体育旅游设施与体验项目,包括滑雪碟、雪爬犁、滑雪圈、冰陀螺、冰滑梯等设施一应俱全。

扎兰屯金龙山滑雪场共有位于内蒙古扎兰屯市卧牛河镇,距扎兰屯市区8千米,雪道山体海拔582米,垂直落差200米,占地面积为15万平方米,共有5条初级、中级和高级滑雪道,滑雪道总长3 800米,同时还有一座国家队的单板U形训练场地。扎兰屯金龙山滑雪场有完备的滑雪设施,并且还有种类多样的旅游项目可供游客选择。

牙克石凤凰山滑雪场是国家2A级旅游景区,位于牙克石市东南郊,距市区只有16千米。牙克石凤凰山滑雪场共有4条初级、中级和高级滑雪道,滑雪道总长5 800米。这里有着丰富的特色旅游项目,不仅有滑雪活动,同时还有扔雪球、搭建冰滑梯、制造滑雪圈、观赏雪景冰雕、抽陀螺等项目,为游客提供了丰富的项目选择。

3. 民族文化体育旅游资源

呼伦贝尔市是一个多民族相互交融的发展地区,在该地生活的民族高达42个,其中蒙古族、满族、回族、朝鲜族、达斡尔族、鄂伦春族、鄂温克族及俄罗斯族等少数民族在此居住的人口较多。尽管如此,汉族仍为该市的主体民族,占总人口的80%以上。在我国的发展历史上,呼伦贝尔市是蒙古族文明的发源地,也是中俄蒙重要的文化交流协作区,同时还是北方狩猎民族和草原游牧民族生长的地区。也正是这些因素为呼伦贝尔市发展成为具有广泛影响力的民族文化、体育及旅游体验中心奠定了坚实的基础。在这片广袤的草原上,多元文化的交流与融合催生了独特的民族文化景观。各民族在坚守传统根基的同时,不断探索文化创新之路,这种基于传统的创新不仅丰富了中华民族的文化内涵,更为中华文明的持续进步贡献了不可或缺的力量。

我国丰富的多元文化孕育了多样化的民族特色体育活动,这些活动不仅融合了大众体育的健身功效,还独具民族文化魅力,承载着传承与延续传统文化的重任,同时彰显地域民俗风情的独特韵味。此类体育活动在当地深得民心,其影响力已跨越地域界限,吸引全国人民的广泛关注,有效拓宽了受众基础，保障了民族体育文化的传承连续性与完整性。民族体育活动的蓬勃发展根植于深厚的文化底蕴之中，因此，要想将民族文化中最核心的部分保存下来，就需要坚持守护与弘扬我国民族传统。在此背景下，推动体育旅游成为重要策略，通过吸引国内外游客前往如呼伦贝尔等民族地区，亲身体验并参与当地的民族传统体育项目，不仅有助于促进当地旅游业的繁荣，更是展示与弘扬少数民族传统文化、提升民族文化认同感的有效途径。

（1）蒙古族文化

早期的蒙古族先民生活在额尔古纳河东岸茂密的丛林深处——"蒙兀室韦"。随后，这一游牧民族踏上了向西北草原迁徙的征程，经过长时间的发展，最终汇聚成以成吉思汗为领袖的统一部落联盟。蒙古族以草原为家，以游牧为生，因此蒙古族被誉为"草原的骄子"。在蒙古族丰富多彩的文化遗产中，最具代表性的乐器就是马头琴，最具代表性的体育项目则是马术与摔跤，最著名的文化节日是那达慕大会，并于 2006 年入选国家非物质文化遗产。

那达慕大会是蒙古族最大的节日活动，其发展历史最早可追溯至公元1206 年。当时的那达慕大会主要以摔跤、赛马、射箭为核心活动形式，如今随着时代的不断变迁与发展，又新增了马术和各种球类的比赛。那达慕大会每年冬季举行，并且其举办的地点是随机的，也就是通常会由呼伦贝尔草原的各旗轮流举办，举办的主题也是各不相同的。通常情况下，那达慕大会为期长达数月，自上年 12 月一直会持续到次年 3 月。另外，为了让游客也能参与其中，体验当地的特色项目，通常都会在举行那达慕大会的同时，准备各种各样的体育项目，如射箭、滑雪、赛马、雪地汽车越野等。

（2）达斡尔族文化

目前，我国达斡尔族大约有 13 万人，他们的聚居地主要分布在内蒙古自治区和黑龙江的一些地区，其中生活在呼伦贝尔的达斡尔族人大约有 7万人。

达斡尔族，主要使用的是达斡尔语，但其文字并没有统一的形式，主要借用了汉字或蒙古文字。追溯达斡尔族的历史脉络，其起源与契丹民族有着深远的亲缘联系，是中华民族多元一体格局中的重要组成部分。随着历史不断向前推进，达斡尔族的生活方式也经历了重大变化，由原先的游牧变为农耕。另外，长期的渔猎生活中，也使得达斡尔族人形成了独特的性格特点。

在达斡尔族的体育活动中，射箭运动作为最早萌芽的项目之一，起初承载着抵御外侮、保卫家园的重要使命。随着时间的推移，这一活动逐渐演变，不仅保留了其原始的功能性，更发展成为独具达斡尔族文化特色的体育表现形式。在此基础上，一系列充满竞技性的体育项目如雨后春笋般涌现，如摔跤、扳棍、颈力赛等，共同构成了达斡尔族丰富多彩的体育文化体系。尤为值得一提的是，曲棍球是达斡尔族最具代表性的传统体育运动，以其独特的魅力深深吸引着每一位族人，历史上人们将曲棍球运动称之为"贝阔"。1975年，我国第一支专业曲棍球队伍成立于莫力达瓦达斡尔族自治旗。此后，这支队伍频繁亮相于国内外赛场，成为展现中国曲棍球风采的重要窗口。1982年，他们远赴巴基斯坦，与各国强队同台竞技。而在第一届亚洲杯曲棍球比赛中，他们更是凭借坚韧不拔的意志和精湛的技艺，勇夺季军，为中国曲棍球赢得了国际声誉。此后在 1989 年，莫力达瓦达斡尔族自治旗因其在曲棍球运动领域的卓越贡献和深厚底蕴，被国家体育委员会正式授予"曲棍球之乡"的美誉。

（3）鄂温克族文化

鄂温克族是一个跨界民族，主要分布在中国和俄罗斯等地，我国的鄂温克族人大约有 3 万。鄂温克族人民主要聚居在内蒙古自治区呼伦贝尔市，这里既是他们繁衍生息的地方，也是其文化传承的沃土。鄂温克族有着本民族独特的语言，但是并没有本民族的专属文字，他们主要使用蒙古文，另外还有少数人使用汉字。鄂温克族拥有丰富的民俗文化，其中，"米阔鲁节"作为该民族的传统节日，尤为引人注目。此节日定于每年的 5 月 22 日，是一个集庆祝、竞技与仪式于一体的盛大集会。节日当天，族人们不仅会组织激烈的套马、赛马比赛，还会举行一项特别的仪式——为新生的羊羔剪耳作标记。

此外，鄂温克族至今仍保留着原始的生产生活方式，并且仍在木屋中居住。鄂温克族是我国最后一个以狩猎为生的少数民族，同时也是唯一一个饲养和使用驯鹿的少数民族。为了让游客更多地了解这个民族，体验该民族的原始生活和文化，同时也为了更好地保护该民族的生活方式，自 2005 年起，每年 12 月都会举办冰雪文化节，游客们可以和当地人民共同参与各种体育活动，包括狩猎、骑马、射箭、摔跤等。

4. 人工设施体育旅游资源

近年来，呼伦贝尔市积极响应并大力推动全民体育健身运动的号召，加强了体育场馆及休闲体育设施的建设力度，部分新项目正处于稳步推进中。另外，呼伦贝尔市还建设了供国家专业运动员训练与比赛的场地——莫旗国家曲棍球基地。该基地作为国内规模最大的夏季曲棍球训练基地，占地面积达 13 000 平方米，集赛事举办与日常训练功能于一体，并配套有 4 300 平方米的看台区域。在非赛事期间，基地对外开放，为游客提供了近距离接触及亲身体验体育活动的平台。此外，扎兰屯市的金龙山滑雪场配置了符合奥运标准的 U 形池设施，是中国国家队运动员训练的基地。呼伦贝尔市还广泛分布着多样化的体育休闲旅游场地，包括跑马场与射击场等。值得一提的是，鄂温克旗红花尔基森林公园内设有备受欢迎的射击场，以及精心打造的蒙古包与别墅住宿区，为游客提供了集体育娱乐与生态观光于一体的全方位体验。红花尔基森林公园地跨海拔 740～1 100 米，总面积达 1.4 万公顷，并且这里还拥有亚洲面积最大的樟子松原始森林，进一步丰富了其作为体育休闲旅游目的地的生态价值。

呼伦贝尔市除了拥有天然的体育旅游资源外，还有丰富的人工设施体育旅游资源，并且这些资源十分富有地方特色，极大提升了当地人参与体育运动的积极性。同时呼伦贝尔市通过举办各种赛事，还能吸引各地游客前来游览体验，进而能极大推动当地的经济发展。

（二）呼伦贝尔市体育旅游产业发展的优势

1. 丰富的自然体育旅游资源

呼伦贝尔市位于内蒙古自治区，其陆地面积大约有 26.3 万平方千米，以平原居多。呼伦贝尔市有着丰富的自然景观和体育旅游自然资源，如草原、冰雪、河湖、湿地、森林、牧场等，这些多种类型的生态环境为呼伦贝尔市的整体生态平衡带来了巨大意义。

呼伦贝尔市的主要产业是放牧业，并且其有着 1 亿多亩的天然和人工草场面积，有着约为 13 万平方千米的天然林地。另外在呼伦贝尔辖区内还有着众多的河流湖泊，其水资源总量可达 300 多亿立方米。因此，即使呼伦贝尔市的耕地资源数量在减少，但可用于耕地的面积仍有上千万亩。

2. 良好的区位和交通优势

呼伦贝尔市位于我国的北部边境，东部紧挨蒙古国，北部紧挨俄罗斯，这种独特的地缘优势，使得它成为国家布局中的重要节点。中国政府在此地设立了八个国家级口岸，不仅是中俄蒙三国间的文化交流的重要桥梁，同时也是经济交流的重要桥梁。此外，呼伦贝尔市还与黑龙江省相连，这一地理特征使其在国家振兴东北老工业基地的宏伟蓝图中占据了不可或缺的地位。两地间的紧密合作，不仅有助于实现资源互补、产业协同发展，更在推动区域经济一体化的进程中，共创双赢的辉煌篇章。鉴于呼伦贝尔市的多重战略价值，国家早在 2013 年便将其纳入"丝绸之路经济带"的关键一环，赋予其更为重要的历史使命。这里不仅是中俄蒙三国旅游黄金带的璀璨明珠，也是黑吉辽蒙旅游协同发展的前沿阵地。作为"一廊一脉"战略规划的核心辐射区域，呼伦贝尔市更是内蒙古全域旅游发展的重要引擎，引领着内蒙古东部五盟市旅游圈的蓬勃发展，并深度融入乌阿海满旅游一体化发展区，共同绘就中国北方及内蒙古东部旅游版图的壮丽图景。

经过多年的发展，呼伦贝尔市在交通环境方面也发生了巨大的变化，不仅有着基础的交通线路，如铁路与公路，还有多条航线的发展。在呼伦贝尔市的交通路线中，滨洲铁路是最大、最重要的线路，既与中国内陆相连，同时也与亚欧等国家相连。此外，在全国规划的"八纵八横"高速铁路上，呼伦贝尔市就位于其中的绥满通道上。

3. 独特的多民族文化背景

呼伦贝尔市的气候条件和生态环境较为独特，在经过长久的历史发展，逐渐孕育出以游牧生活方式为主导、性格刚烈坚韧的北方少数民族——蒙古族，他们在这片土地上繁衍生息，成为该地区文化的重要载体。部分历史学家更是指出，呼伦贝尔不仅是蒙古族的重要聚居地，更是众多北方少数民族文明的摇篮，承载着丰富的历史渊源。呼伦贝尔的文化脉络源远流长，经过岁月的洗礼与积淀，逐渐演化出一种独树一帜的文化形态——草原文化。草原文化是草原历史、多种草原民族文化等多个文化的聚合体，有着独特的文化内涵，并非单一民族文化的简单堆砌。草原文化作为中华文化宝库中的璀璨明珠，不仅为中华文明的多样性提供了有力支撑，更是推动中华文化持续繁荣发展的重要力量源泉。作为中俄蒙三国文化交流的重要桥梁与协作平台，呼伦贝尔市具备得天独厚的条件，为开发具有广泛知名度和影响力的文化旅游体验类产品奠定了坚实的基础。

4. 政策的支持

有了政策的支持，呼伦贝尔市的体育旅游才能更好地发展。如今，国家对呼伦贝尔市的旅游发展给予了高度重视，并已经通过各种途径来支持其发展。

2020 年，为了全面推动呼伦贝尔市旅游业的发展，呼伦贝尔市人民政府积极发布了相关文件——《呼伦贝尔市全域旅游发展规划（2018—2035 年）》。

（三）呼伦贝尔市体育旅游产业发展的劣势

1. 资源缺乏科学合理的规划和开发

呼伦贝尔地区的体育旅游资源十分丰富，不仅有独特的自然体育旅游资源，同时也有着丰富的人文体育旅游资源。然而，当前该地区并没有对这些资源进行科学、合理的规划与利用，导致出现有的资源未得到充分开发，有的资源则过度开发的情况。这种资源分配与利用上的失衡，不仅体现在体育旅游资源的盲目开发上，还伴随着一定程度的功利性倾向，制约了其可持续发展。具体而言，呼伦贝尔市的冰雪资源是开发体育旅游项目的天然优势，其潜力尚待深度挖掘。但是当前的冬季体育旅游产品的种类较为单一，未能全面展现冰雪资源的多样性与吸引力。同时，该地区独有的森林草原过渡带景观，作为自然生态的瑰宝，也没有得到有效开发与利用，其独特的生态价值与旅游潜力尚未得到有效释放。

近年来，滑雪运动作为一种休闲健身方式，在公众中的普及程度显著提升，这一趋势直接推动了呼伦贝尔市及周边区域滑雪设施的迅速扩张。伴随滑雪爱好者的数量激增，众多人工滑雪场地如雨后春笋般涌现，为滑雪爱好者提供了更多元化的选择。然而，这一现象也伴随众多问题的出现：同类雪场间的激烈竞争加剧了旅游市场的无序状态，扰乱了市场平衡，致使部分小规模滑雪场因经营不善而黯然退场。与此同时，草原旅游业的蓬勃兴起为呼伦贝尔带来了前所未有的发展机遇，但也暴露出了资源开发与保护之间的深刻矛盾。为了快速响应市场需求，草原旅游资源被过度开发与利用，这种短视行为对草原脆弱的生态环境构成了严重威胁。加上旅游旺季期间游客数量的激增产生了大量生活垃圾与污水，而垃圾分类与回收体系的不完善，使得污染问题日益凸显，进一步加剧了草原生态环境的负担。

呼伦贝尔市在对自然的开发过程中，由于缺乏相应的规划，导致自然机构被破坏，部分景区也未能因地制宜地开发一些项目，导致资源浪费，降低了资源再开发与再利用的价值。在发展旅游与保护环境方面，两者必然会产生一系列的矛盾，例如体育旅游项目中的急功近利心态、项目综合运营体系的不健全，以及过度依赖消费者市场导向的发展模式，均对生态环境保护构成了严峻挑战。因此，呼伦贝尔市在开发旅游的过程中，必须有科学合理的规划，同时还要对其各个地点的具体情况有着清晰的认知，确保对各个区域的价值都了如指掌，只有这样，才能推动当地旅游业的发展。

2. 基础设施和服务不足

目前在呼伦贝尔地域内，基础设施的共用共享依然难以完全实现，这主要是因为当地散布着众多景区，并且它们的规模不一、分布也较为分散。但从总体情况上来看，呼伦贝尔地区景区的基础设施框架已较为完备，如在交通和饮食方面，基本能够满足游客的基本需求。然而，要实现更高层次的旅游体验，还需在细节、服务质量提升及营业态度等方面持续努力，才能达到行业标杆水平。值得注意的是，部分旅游区域的基础设施建设尚存短板，周边配套服务不足甚至缺失，影响了游客的整体满意度。特别是在旅游高峰期，停车难问题尤为突出，现有停车场与停车点的容量与景区客流量不相匹配，导致出现游客面临停车难、停车远的困境。此外，电信服务及无线网络覆盖的不均衡，也为游客的信息获取与通信交流带来了不便。景区内厕所数量较少，未能充分满足游客需求。而在环境卫生方面，景区内的垃圾桶不仅数量较少，其摆放位置也不合理。此外，体育相关配套设施的建设相对滞后。缺乏知名品牌与特色商品的引入，以及专业性的体育旅游指导与介绍服务，限制了体育旅游者的消费热情与体验深度。

3. 宣传力度不足，资金投入有限

即使在体育旅游业普遍发展的背景下，提到呼伦贝尔市或内蒙古自治区时，人们首先想到的仍然是草原旅游，而不是体育旅游。主要原因还是呼伦贝尔地区不重视体育旅游的发展，对其资金投入也十分有限，并且当地旅游业的发展重点还是在草原旅游上。另外，呼伦贝尔地区对于体育旅游的宣传力度也较低，其宣传方式较为单一，主要以亲朋好友和当地居民推荐为主，这种宣传方式涉及的范围有限，难以在全国乃至全球宣传开来，进而也制约着呼伦贝尔景区的发展。

4. 景区同质化问题突出

当前，呼伦贝尔景区的体育旅游项目较为单一，缺乏创新性，大部分都是以骑马、射箭、登山、滑雪为主。并且每个景区都有着千篇一律的旅游项目安排、公共设施建设，缺乏当地的特色产品，这种同质化的旅游使得游客

很难产生再次前来旅游的想法。另外，虽然呼伦贝尔市有着丰富的自然资源，但当地并没有对其进行充分的开发利用，也没有将其与当地独特的优势相结合而转化成富有特色的高端体育旅游景区。

5. 文体融合不充分，民族主题不鲜明

呼伦贝尔地区是众多少数民族的聚居地，有蒙古族、俄罗斯族、达斡尔族、鄂温克族、鄂伦春族等，孕育出丰富的少数民族文化。然而，尽管该地区蕴藏着丰富的人文旅游资源，其潜力却尚未得到充分挖掘与展现。当前，针对民族传统文化所开发的旅游项目多倾向于保守策略，缺乏足够的创新与多元化元素。特别是在体育旅游领域，能够体现民族文化独特性的产品与服务显得尤为匮乏，未能充分展现各民族在体育活动中蕴含的深厚文化底蕴与独特魅力。此外，对于原生态民族文化的传承与保护，在当前的体育旅游发展中也尚未得到充分体现。

6. 管理机制不健全

呼伦贝尔市体育旅游的长远发展涉及多个部门的协同合作与共同建设，包括体育文化总局、自然资源总局、生态环境局、发改委、林业和草原局、水利局，而不仅仅是文化旅游中这一个部门的职责。呼伦贝尔市体育旅游在管理机制方面存在的主要问题包括协调不力、资源整合不足与管理标准缺乏统一性，导致旅游服务质量参差不齐、市场推广效率低及设施维护不到位，影响了整体体验和长远发展。

（四）呼伦贝尔市体育旅游产业发展与管理的机遇

1. 国内外体育旅游发展形势向好

近年来，体育旅游行业呈现出蓬勃发展的态势，为呼伦贝尔地区带来了前所未有的历史性发展机遇。呼伦贝尔也抓住这一发展机遇，积极策划各种体育活动，有效吸引了国内外游客的广泛关注与积极参与，不仅极大地促进了当地旅游业的繁荣，也为体育事业的蓬勃发展开辟了新篇章，进一步推动了文体产业的全面升级与转型。如今各种体育活动的成功举办，不仅迅速成为社会各界关注的焦点，同时也激发了广大青年及不同年龄层群体的浓厚兴趣与热烈参与。呼伦贝尔市成功举办了第十四届全国冬季运动会，这一国家级冬季体育盛会的落户，不仅是对呼伦贝尔冰雪资源及体育设施建设的高度认可，更是推动当地乃至内蒙古地区冰雪体育旅游产业跨越式发展的重大契机。

2. 国家逐步提升体育旅游业地位

近年来，我国高度重视体育旅游产业的成长与发展，并给予了有力支持。国家陆续推出了若干相关法律法规，并在不断加以完善，以从政策层面为呼伦贝尔地区的旅游发展指明方向，提供指导性意见。这一举措为体育旅游行业注入了新的活力，使其顺应了时代发展的潮流。同时，这也令体育旅游业迎来了空前的发展机遇。

（五）呼伦贝尔市体育旅游产业发展与管理的威胁

1. 周边地区竞争日趋激烈

虽然体育旅游业的发展并不完善，仍处于发展萌芽期，但由于体育旅游有着其他产业相比的优势特征，即成本低、风险小、获益快等。因此，许多地方政府都十分看好体育旅游的未来发展。鉴于其独特的经济效应，地方政府正积极投身于体育旅游资源的开发与整合之中，通过政策扶持、资金投入等手段，为当地体育旅游业的蓬勃发展铺设道路。以呼伦贝尔市为例，其体育旅游资源虽独具特色，但并非孤例。在地理相近的黑龙江省与吉林省，同样蕴藏着丰富的自然景观与深厚的民族文化底蕴，形成了与呼伦贝尔相媲美的旅游资源体系。值得一提的是，这两省在冰雪旅游方面更是独树一帜，拥有众多高质量的滑雪基地，并且曾多次成功举办国际级冰雪体育赛事，不仅提升了区域知名度，也进一步推动了冰雪体育旅游产业的国际化进程。

除此之外，黑龙江与吉林在山地资源方面也有着著名的旅游资源，能够满足游客的需求，如小兴安岭、长白山等。与呼伦贝尔相比，游客更愿意选择前往黑龙江或吉林等地旅游。因此，游客对于呼伦贝尔等地的体育旅游需求较小，也就无法将该地的优势充分发挥出来。

2. 市场需求多样化的挑战

如今，随着人们生活水平的提升，人们的消费能力也在不断提高，开始追求更高品质、更高层次的旅游产品，进而传统的旅游模式和产品也就无法满足旅游者的需求。

在当前旅游市场的激烈竞争环境下，开发一系列多样化、创意十足且独具地方特色的旅游文化新产品，已成为各大旅游景区提升核心竞争力的关键策略之一。特别针对体育旅游这一细分市场，其受众群体显著偏向于热爱运动、追求新奇体验的年轻群体，这就要求体育旅游产品在设计上不仅要实现多样化，还必须深度融合专业性与创新性元素。在当前的景区中，占比最多的是观光旅游产品，单一化的产品无法满足游客多样化的需求。具体而言，旅游景区应当致力于拓展并深化自身的特色体育旅游产品体系，通过不断创新，打造出既符合市场潮流又具备独特魅力的产品组合，以满足体育旅游者日益增长的多元化、专业化需求。

3. 体育旅游专业型人才匮乏

当前，只有培养一批对旅游业充满热情、拥有扎实的旅游知识、有着极高的素养的人才，才能促使体育业的发展壮大。体育旅游业作为新兴的综合性产业，其核心在于设计并供给多元化的体育旅游产品及体验，旨在满足消费者在休闲娱乐活动中对体育元素的追求与需求。体育旅游专业是一门融合了体育与旅游的两门学科知识体系的复杂性专业。因此，该领域的专业人才需全面均衡发展，不仅需精通实际操作技能与理论研究能力，还需掌握经营管理、市场策划、组织协调等多元技能，成为集理论与实践、创意与执行力于一身的全能型专业人才。在当前的社会发展背景下，为了塑造一支充分发挥潜能的高素质人才队伍，亟须优化调整体育旅游领域的人才培养策略。这一目标的核心在于确立高标准的专业能力与综合素质要求，确保体育旅游从业者能够在新时代的发展中展现其价值。

（六）呼伦贝尔市体育旅游产业发展与管理策略

1. 体育旅游与生态环境保护相结合

要在生态保护优先的原则上，推动呼伦贝尔市体育旅游产业的发展，积极探索体育旅游与生态环境保护相协调的新型共生模式，旨在达成体育旅游发展与生态环境保护的和谐共生局面。只有重视生态保护与环境保护，才能确保呼伦贝尔体育旅游产业的长期稳健发展。因此，所有涉及景区开发与体育旅游项目规划的举措，均需在严格遵循生态保护红线标准的基础上进行周密考量，坚决杜绝任何可能引发环境污染或对自然资源造成不可逆损害的活动，以此保障体育旅游产业的绿色可持续发展路径。

在推动地区发展的过程中，应该基于生态优先与绿色发展理念，高效整合并合理利用草原、森林、河湖等得天独厚的自然景观资源，并将这些资源转化为体育旅游产业的实际增长点，通过科学规划与有效运营，形成独具特色的竞争优势。同时，应注重品牌化建设，加大对地区旅游品牌的宣传力度，以品牌效应带动整体旅游产业的繁荣发展。

2. 自然资源与体育项目的融合创新

（1）加强对森林草原文化的重视程度，并充分开发其资源，具体可以深入挖掘呼伦贝尔市森林草原过渡地带的特色自然景观，积极引入一系列体育旅游新项目，如森林草原休闲体育游、森林草原徒步观光游等。另外，还可以开发并打造一些与森林草原景观游览相结合的运动项目，如森林草原徒步穿越、森林瑜伽、森林太极拳等特色体育旅游项目，从而为体育旅游者提供森林草原过渡带独有的运动体验。

（2）呼伦贝尔市的气候条件也较为独特，尤其是冬季时间较长，因此，可以充分利用这一特点，深度挖掘并开发冬季冰雪项目，通过创新融合冰雪运动、体育竞技与民族文化元素，精心打造"冰雪+体育"多元化产品体系。充分利用第十届全国冬季运动会的场馆设施，归纳并整合可开发的景区，进而打造一条完整的体育旅游线路，即海拉尔—牙克石—扎兰屯冰雪运动之旅项目。另外，为丰富游客体验，还可以开发一系列冰雪体验活动：增设雪圈速降、传统爬犁等游乐项目；引入冬季汽车拉力赛与摩托车越野挑战；同时，开发滑冰、冰壶等经典冰上运动。此外，还要积极完善冰雪体育旅游产品体系，培育并开发民族体育旅游项目，如冬季草原英雄会、鄂温克族冬季赛马、根河马拉松等。

3. 完善配套设施建设，打造智慧服务平台

（1）对于呼伦贝尔市的各景观服务设施要加强完善与提升，同时还要依据国家与地方的相关标准，扎实推进基础设施建设。另外，还要对景区从业人员进行系统的旅游服务意识培训，确保其以高标准、高要求为游客提供服务。为了提升游客的旅游体验，还要重点解决景区主要交通线路的优化、增设并改善停车场与停车点、实现通信电缆的地下化敷设等关键工程，旨在彻底消除游客在景区面临的停车难、能源补给（加油、充电）困难等问题。为进一步促进景区与自然的和谐共生，建议在配置门面装饰等永久性设施时，应坚持最小化原则，力求在不破坏景区自然风貌与生态结构的前提下，实现设施的功能性与美观性的平衡。同时，公共设施的完善也是提升游客体验的重要部分。重点提升基础体育设施设备的品质与安全性能，确保体育旅游者在享受活动乐趣的同时，有着安全的保障。为此，将加大对体育旅游项目服务人员、专业教练及工作人员的培训力度，通过专业培训提升他们的专业技能与服务水平，并积极探索引进体育旅游领域高端人才的有效途径，以人才为引擎，驱动呼伦贝尔体育旅游服务品质的全面跃升。

（2）为优化旅游服务体验，要建设旅游驿站和智慧旅游服务系统。具体来说就是要构建一个集呼伦贝尔体育旅游信息于一体的综合平台，在该平台中，不仅要收集各景区景点、旅游集散中心的各种信息，同时还要收集游客的吃穿住行等信息。此举措不仅为游客提供了便捷的一站式旅游咨询服务，还显著提升了游客对目的地特色与文化背景的认知，助力其更好地规划行程，预解旅途中的疑惑，确保旅行前的充分准备。另外，要整合并归纳呼伦贝尔地区中所有景区的体育旅游项目，游客可直接检索并浏览各类体育旅游

项目及其路线规划，同时，每项活动均配备有详尽的专业介绍、生动的讲解视频以及在线指导教程，旨在为体育旅游者提供定制化、高质量的旅游体验。还要增设旅行后交流反馈模块。该功能不仅为游客提供了相互分享旅行心得、交流经验的平台，更重要的是，它能够及时汇集游客的宝贵意见与建议，为景区管理方提供直接的反馈渠道。

4. 推进"民族文化+体育旅游"融合发展

呼伦贝尔地区是众多民族的聚居地，有着各种各样的特色民族文化，因此当地可以在此基础上打造独有的、具有优势的旅游体系——"民族文化+体育旅游"的融合发展体系。呼伦贝尔地区还蕴藏着丰厚的蒙古族文化瑰宝，可以深入挖掘蒙古族文化的精髓，将其作为景区规划的核心灵魂。通过精心策划蒙古族特色体育项目，结合草原与森林过渡地带的自然景观，打造一个"民族文化+生态观光+民族体育"三型合一的全域旅游城市品牌，持续强化蒙古族文化源头的国际影响力与品牌辐射力。同时，依托呼伦贝尔得天独厚的自然资源——草原、森林、冰雪，以及生态丰富的湿地，推行全季节、全领域的旅游发展战略。此外，还可以针对鄂温克族自治旗毗邻海拉尔区的地理优势，深入挖掘鄂温克民族独特的生活习俗与文化传统，巧妙地将民族文化元素融入体育旅游项目中，精心打造具有鲜明鄂温克特色的民族体育旅游景区。

5. 创新营销宣传模式，提高影响力

呼伦贝尔地区要加大对景区的广告宣传工作，同时还要对宣传模式和营销策略进行创新优化，这样才能提高景区的知名度，才能让更多的人熟知与了解，进而才有可能占领国际市场。营销渠道主要分为两种，一种是线上营销渠道，另一种是线下营销渠道，具体到实践中，可以将两者结合起来，以此来提高景区的知名度和影响力。

（1）加强线上线下相结合的服务体系建设，即线上宣传、线下销售。另外还要注重建立与完善呼伦贝尔线上体育旅游平台系统，重点完善呼伦贝尔旅游官方网站，该网站将集成体育旅游资讯的即时发布、详尽的体育旅游项目介绍与在线预订系统，以及体育运动相关周边商品的便捷购买渠道，从而为用户提供一站式、个性化的服务体验。同时，注重在社交媒体领域的精耕细作，特别是加强对呼伦贝尔旅游官方微信公众号与官方微博的运营管理。通过定期更新策略，确保体育项目资讯、活动预告及最新动态能够及时、准确地传达给广大用户群体，增强用户黏性与互动性。此外为了进一步丰富平台功能，要整合体育旅游资讯服务、预订系统、产品购买及线上运动指导与设备租赁等多元化服务模块。

（2）在推动体育旅游发展的战略框架下，我们应高度重视并合理利用线下渠道的优势，积极寻求与体育文化总局的深度合作，携手策划并举办一系列具有影响力的大型体育赛事与民族文化活动。同时，鉴于不同运动社团在资源集聚与客源吸引方面的显著优势，可以加强与各类特色社团的合作与交流，如徒步社团、骑行社团、登山社团等。这一合作模式将有效发挥社团成员间的群众基础与社交影响力，进一步推广呼伦贝尔丰富多彩的体育旅游文化，增强市场认知度与吸引力。此外，为了拓宽市场边界，应主动对接国内重点客源市场区域，如东三省、京津冀、长三角等地区的知名旅行社，建立长期稳定的合作关系。这不仅有助于提升呼伦贝尔体育旅游品牌在国内市场的知名度和美誉度，还能为后续的全面市场拓展奠定坚实基础。

6. 推进"市场竞争、市场监管"有序发展

在推进体育旅游产业的健康发展的进程中，政府扮演着至关重要的角色。为了提升体育旅游市场的服务品质，规范产品价格，政府应当适时出台相关的政策措施，积极引入市场竞争机制。此外，为了营造一个安全、可靠的体育旅游环境，政府需加大对行业的监督与管理力度，特别是针对不专业、非正规的体育项目景区及场馆，必须实施严格的准入与监管机制，以防止安全隐患的存在。此外，政府还应进一步强化体育旅游项目开发的规划与管理，确立以科学规划为基础的开发原则，并推行联合审批制度，促进呼伦贝尔体育旅游产业实现有序、健康的良性发展。

第三节　环渤海地区体育旅游产业的发展与管理

环渤海地区体育旅游产业的发展近年来呈现出蓬勃的态势，成为推动区域经济增长的重要力量。随着人们生活水平的提高和健康意识的增强，越来越多的人开始关注体育旅游这一新兴的休闲方式。环渤海地区凭借其得天独厚的地理优势和丰富的自然资源，为体育旅游产业的发展提供了广阔的空间。本节重点分析连云港体育旅游产业和上海体育旅游产业的发展与管理。

一、连云港体育旅游产业的发展与管理

（一）连云港体育旅游产业现状

连云港位于江苏省，地处鲁中南丘陵与淮北平原的接合部。连云港市属于温带季风气候，气候较为温和，并且该地受台风的影响也较小。由于该地的气候条件良好，不仅旅游产业得到了迅速发展，体育旅游行业的发展也有着巨大的发展前景。

连云港地区的旅游资源有着较为显著的特征，其一，该地区有着丰富的自然资源，不仅有丰富的盐田和滩涂景观，同时还具有丰富的山脉资源。其二，文化底蕴深厚且独具特色，民俗参与型人文体育旅游资源尤为丰富多样，极大地丰富了旅游产品的文化内涵与体验层次。连云港连岛自 1997 年起，便一直作为"连云港之夏"旅游节及连云港国际风筝节的主办或承办地，这两项活动不仅彰显了地方特色，也促进了国际的文化交流与旅游合作。近年来，该岛更是积极引进并成功举办了多项国际级与国家级体育赛事，这些高规格赛事的举办，极大地提升了连云港的国际知名度与旅游吸引力。尤为值得一提的是，近十年来，龙舟文化在连云港的兴起与蓬勃发展，成为体育与旅游资源深度融合的又一典范。

影响连云港体育旅游产业发展的因素有很多，从连云港的发展现状来看，尤为显著的是向低碳化转型所提出的高标准挑战。这一转型进程不仅要求原材料使用的环保性，还要有充足的资金支持，而这些都是连云港市当前发展中相对薄弱的环节。在向低碳化转型的过程中，需要明确一点，低碳发展与高速发展并非同一概念，也不是统一的，两者之间必然会有主次之分。在此情境下，连云港市推进的低碳化发展策略，势必将对旅游行业的快速扩张构成一定影响，因此，要想加强体育旅游产业的发展，连云港就需要在体育旅游发展方面作出选择。

（二）连云港市体育旅游产业低碳化发展与管理路径

1. 树立低碳经济的持续发展和管理理念

在当今社会，关于低碳环保意识的普及尚未达到广泛共识的层面，公众还没有深刻认识到低碳行为背后所蕴藏的社会价值，对于低碳概念的理解依旧处于较为模糊与浅显的阶段。鉴于此，强化宣传力度成为当务之急。在旅游活动中践行环境保护，不仅是每位公民义不容辞的社会责任，更是应被积极倡导与切实执行的行动准则。通过系统性、针对性的宣传策略，能够有效提升公众对于低碳旅游重要性的认识，促进全社会环保意识的觉醒与行为的转变。

此外，政府层面的政策引导与支持同样不可或缺。政府应进一步调整政策导向，为低碳经济的发展提供坚实的政策保障与激励措施，确保低碳经济在制度层面获得有力支撑，从而推动其向可持续、高效益的经济模式转型。建立健全旅游认证体系，将低碳标准作为关键考量因素融入其中，也是推动低碳旅游深入实施的关键一环，能够对经济主体和个人的旅游行为产生一定的约束力。

2. 推动体育旅游产业低碳化发展和管理

在推动旅游产业的低碳转型进程中，首先应充分利用港口城市依山傍海的自然优势，强化低碳技术的研发与应用。这一举措旨在将低碳理念从抽象概念转化为旅游产业发展的具体实践，渗透至旅游产业链的每一个细微环节，确保低碳转型不仅停留于口号层面，更是成为驱动产业升级的实际动力。唯有如此，方能显著提升旅游产业的低碳化水平，使之逐步顺应并引领全球旅游业绿色发展的主流趋势。

此外，人才作为低碳化转型不可或缺的关键因素，其重要性不容忽视。应该建立完善的人才管理机制，对于稀缺的高素质人才，应实施更为积极的引进与激励政策，以吸引并留住这些人才，从而为旅游业的持续繁荣与创新注入强劲动力。同时，重视人才培养体系的完善，通过加大教育培训投入，促进人才持续学习与创新能力的提升，形成人才发展与行业进步相互促进的良性循环机制。

3. 促进体育旅游低碳化模式转型

如今旅游业的发展十分迅速，在这一背景下，产业结构的发展稍显滞后，难以满足旅游产业不断升级的内在需求，因此，产业模式的革新与转型已刻不容缓。这一现象同样也适用于体育旅游业中，其中行业细分与专业分工尚显混乱，并且在体育旅游产业发展中，低碳产业所占整体产业的比重在不断下降，而占比较高的产业仍是高碳细分产业。鉴于此，对体育旅游产业结构进行系统性调整与升级，不仅显得尤为必要，而且是推动其可持续发展的关键环节。必须给予产业结构调整足够的重视，力求在发展模式上实现根本性的转变，确保转型的真实性和有效性。只有这样，体育旅游业的发展才能在低碳化的道路上实现长远的发展。

4. 加快低碳体育旅游融合与集聚

要想聚焦于产业布局的战略调整与优化，就要对当前的产业布局进行深入剖析与反思，全面评估其优势与不足。在此基础上，紧密结合体育旅游的独特竞争优势，制定并实施新一轮的产业布局规划。通过重构产业布局，优化产业链条的各个环节，进而构筑低碳体育旅游行业的核心竞争力。另外，采取精细化发展策略，注重优势资源的集中与高效利用，推动体育旅游在细分领域内的深度挖掘与拓展。具体而言，即通过生产要素的重组排列组合，激发新的增长点，塑造产业发展新形态。这不仅有助于促进产业内部的持续创新与升级，更有望引领形成高质量、高效率的体育旅游产业集群化发展态势，从而推动行业的跨越式发展。

二、上海体育旅游产业的发展与管理

（一）上海市体育旅游产业现状

1. 上海市体育旅游资源现状

上海市人民政府在推动城市体育事业发展方面实施了多种措施，通过精心规划与大力投入，建设并修缮了一系列标志性的体育设施，如上海体育场与虹口体育场等，这些场馆不仅提升了城市的体育承载能力，也丰富了市民及游客的体育文化生活。在旅游配套服务领域，上海市同样构建了涵盖交通、住宿、景点在内的全方位、高品质的服务体系，为国内外游客提供了便捷舒适的旅行体验。自 2015 年起，上海明确提出了建设全球著名体育城市的宏伟目标，并随之出台了一系列旨在促进体育产业创新发展的政策措施，并实现了体育产业的多元化、高质量发展，如体养结合、体医结合、体旅结合。作为国际体育赛事的重要举办地，上海成功吸引了众多国际大型体育赛事落户，其中包括六大核心品牌赛事。此外，各区县还积极打造"一区一品"特色赛事，与各类商业性精品体育赛事相辅相成，共同构成了上海丰富多彩的体育赛事体系。2019 年上海市计划举办的国际国内重大体育赛事数量庞大，涉及全国性（含埠际）赛事 41 个项目共计 93 场次，以及国际性比赛 40 个项目共 88 场次，总计 55 个项目、181 场次比赛。这一数据不仅反映了上海体育产业的繁荣景象，也预示着未来上海将在全球体育舞台上扮演更加重要的角色。

2. 上海市体育旅游市场现状

旅游接待人数方面，根据上海市统计局所提供的数据，上海市自 2012 年以来，旅游接待人数稳步上升，发展前景良好。在旅游接待人数持续攀升的积极态势下，上海市不仅巩固了其作为国内热门旅游目的地的地位，更在国际舞台上展现出了独特的魅力与活力。近年来，随着"一带一路"倡议的深入实施及全球旅游市场的回暖，上海市积极拓展国际旅游市场，吸引了来自世界各地的游客纷至沓来。2023 年接待来沪入境旅游者 364.46 万人次，比 2022 年增长 476.84%。其中，入境外国人 241.19 万人次，增长 523.34%。

旅游业收入方面，上海市旅游收入近年来稳步提高，旅游业已经成为上海的主要经济支柱之一。2020 年，上海体育服务业占体育产业总产出的比重为 79.7%，居民人均体育消费达到 2 995.9 元。2023 年入境旅游外汇收入 61.87 亿美元，增长 259.36%；国内旅游收入 3 678.11 亿元，增长 76.82%。

体育人口方面，上海市经常参加体育锻炼的人口数量比例稳步上升。其中，20 至 29 岁、50 至 59 岁、60 岁及以上群体锻炼人数增长幅度较大。

（二）上海市体育旅游产业的发展特点

体育旅游产品以赛事型体育旅游产品居多。上海市体育旅游资源的开发较不平衡，赛事型体育旅游资源发展较好，而参与型体育旅游资源与怀旧型体育旅游资源相对匮乏。2019 年，上海市拟举办国际性比赛 40 个项目 88 次，全国性（含埠际）41 个项目 93 次，合计 55 个项目 181 次比赛。与江苏省相比，2019 年，江苏省举办国际性比赛 69 次，全国性比赛 59 次，合计 128 次比赛。参与型体育旅游资源开发方面，在中国体育旅游博览会 2018 年发布的体育旅游精品项目入选名单中，上海市体育旅游精品项目（除赛事）入选 6 项，江苏省入选 11 项。

近年来，我国体育旅游产业的蓬勃发展正逐步引领行业向多元化、产业经济模式转型，然而，一个不容忽视的现象是，体育旅游产品依然深陷"门票经济"的传统框架之中。据 2019 年艾瑞咨询权威发布的《中国景区旅游消费研究报告》，超九成游客在游览过程中产生了额外的消费行为，且这些消费额度显著超出门票价格。在此背景下，上海市作为全国经济、文化中心之一，在体育旅游产品的开发与利用上却展现出一定的滞后性。具体而言，尽管上海市在体育设施如体育场馆、休闲中心的建设上有所投入，但相较于国内外先进水平，其综合开发利用仍有较大提升空间。同时，上海体育旅游的发展还面临着周边省市体育旅游业快速崛起的竞争压力。由于地理位置及自然资源的限制，上海在山林、河流、湖泊等自然资源方面相较于长三角区域的其他省市存在明显不足，这在一定程度上限制了参与型体育旅游项目的丰富度和布局广度。目前，上海的参与型体育旅游景点多集中于崇明、金山等相对偏远的地区，中心城区的布局尚显薄弱，不利于游客的便捷参与和全面体验。同时，长三角地区其他省市体育旅游业的蓬勃发展，也对上海市体育旅游市场的吸引力和竞争力构成了挑战。在 2019 年长三角地区体育产业协作会发布的 51 个长三角地区最佳体育旅游项目中，上海市仅占 7 项。长三角最佳体育旅游目的地上海市 6 项，江苏省 9 项，浙江省 6 项，安徽省 5 项；最佳体育旅游线路上海市 1 项，江苏省 4 项，浙江省 5 项，安徽省 4 项；最佳汽车运动营地图上海市未入选，江苏省 7 项，浙江省 1 项，安徽省 3 项。

（三）上海体育旅游产业发展与管理策略

上海近年来在体育旅游产业方面取得了显著的进展，为了进一步推动这一产业的发展，上海需要制定更为科学和系统的管理策略，以下是对上海体育旅游产业发展与管理策略的续写内容。

1. 体育旅游产业的多元化发展

（1）体育赛事旅游

上海应当持续引进和培养具有国际影响力和国家级水平的体育赛事，如马拉松、自行车赛、网球公开赛等。通过举办这些高水平的体育赛事，上海不仅能够吸引更多国内外游客前来观赛，还能进一步提升城市的国际知名度和影响力。同时，这些赛事的举办将带动相关产业链的发展，包括体育用品制造、体育服务、旅游、酒店、餐饮等多个领域，从而促进经济的多元化发展。此外，通过这些国际级和国家级的体育赛事，上海还可以展示其现代化的城市形象，进一步提升城市的综合实力和国际竞争力。

（2）体育休闲旅游

企业充分利用上海这座繁华都市所拥有的丰富自然资源和壮丽的城市景观，积极开发各种体育休闲旅游项目。例如，可以在风景如画的黄浦江和苏州河沿岸精心建设一系列自行车道和跑步道，从而打造出一个完善的城市绿道系统。这样的举措不仅能为市民提供一个健康、愉悦的休闲运动场所，还能吸引更多游客前来体验和参与，进一步提升城市的旅游吸引力和居民的生活品质。

（3）体育健身旅游

结合上海众多的健身场馆和俱乐部，企业可以精心策划并推出一系列丰富多彩的健身旅游套餐。这些套餐可以包括各种形式的活动，如瑜伽度假村、高尔夫度假村等，以满足不同游客对于健康生活方式的追求和需求。游客可以选择在风景优美的度假村中进行瑜伽练习，享受大自然的宁静与和谐，或者在设施完备的高尔夫球场上挥杆，体验高尔夫运动的乐趣与挑战。通过这些健身旅游套餐，游客不仅能够放松身心，还能在专业教练的指导下提升自己的健康水平，实现身心的全面平衡。

2. 体育旅游产业的信息化管理

（1）智慧旅游平台

上海市政府可以建立一个集赛事信息、预订服务、旅游指南于一体的智慧旅游平台。通过大数据分析，为游客提供个性化的体育旅游推荐，提升游客体验。

（2）智能导览系统

上海市政府可以在主要体育场馆和旅游景点部署智能导览系统，提供多语种的语音导览、实时导航和互动体验，方便游客更好地了解和参与体育活动。

3. 体育旅游产业的国际化推广

（1）国际交流与合作

企业加强与国际体育旅游组织的合作，引进国际先进的体育旅游项目和管理经验。同时，通过国际交流活动，提升上海体育旅游的国际知名度。

（2）多语种宣传

企业应在宣传推广中使用多语种，特别是英语、日语、韩语等主要国际语言，确保信息的广泛传播，吸引更多国际游客。

4. 体育旅游产业的可持续发展

（1）注重环保和可持续发展

政府应当积极推广绿色体育旅游项目，以促进环保意识和健康生活方式的普及。例如，可以开展生态马拉松、环保骑行等活动，这些活动不仅有助于倡导低碳生活，还能让人们在享受运动乐趣的同时，更加亲近自然，了解环境保护的重要性。通过这些绿色体育旅游项目，政府可以引导公众积极参与环保行动，共同保护我们赖以生存的环境。

（2）社区体育旅游

政府可以积极与社区合作，共同开发一系列社区体育旅游项目，如定期举办社区运动会、家庭健身活动及其他形式多样的体育活动。过这些活动可以有效增强社区居民的参与感和归属感，使他们更加积极地融入社区生活。同时，这些活动也有助于促进社区内部的和谐发展，加强邻里之间的联系，提升整个社区的凝聚力和向心力。

第七章 多元化体育旅游模式研究

本章主要介绍了多元化体育旅游模式研究，包含民俗体育旅游的发展与策略、体育赛事旅游的发展与策略、休闲体育旅游的发展、体育康养旅游的发展与策略和红色体育旅游的发展与策略。

第一节 民俗体育旅游的发展与策略

一、民俗体育旅游的发展

（一）民俗体育旅游发展现状

民俗体育旅游不仅是旅游业的特色项目之一，也是体育旅游范畴内响当当的"招牌"。其独特魅力体现在形式的多样、参与方式的灵活、深厚的民族文化根基，以及广泛的消费群体吸引力，使其成为众多游客的首选。近年来，在国家政策的引领和各界的共同努力下，民俗体育旅游迎来了发展的春天。各地政府与民众齐心协力，深入探索本土民俗体育资源，举办了一系列独具特色的民俗体育活动，为旅游市场注入了新的生机。

从北至南，民俗体育活动各具特色，承载着不同地域的精神风貌与文化精髓。在北京的庙会上，"卖驴"已成为一道独特的风景线；在东北，朝鲜族的踩高跷、荡秋千等传统体育活动与现代经济巧妙融合；而在广东潮州，中国传统体育文化节等盛事让古城焕发新的光彩；海南岛则依托其得天独厚的自然条件，打造了一系列少数民族水上体育活动，成为水上运动爱好者的天堂。

然而，尽管我国民俗体育旅游资源丰富，但在产品开发上仍有一些尚待完善的问题。例如，产品类型相对单一，缺乏多元化、特色化、个性化的创新，且多集中于少数民族地区，发展水平各有参差。这背后，既有民族地域环境的限制，也有对传统文化和民族风情认知不足的观念上的问题。因此，如何深入挖掘和整合民俗体育旅游资源，推动其向多样化、特色化、可持续发展的方向迈进，是尤待解决的问题。

1. 我国民俗体育旅游政策分析

随着我国经济的迅猛发展，民俗体育旅游逐渐受到公众的瞩目，国家及地方政府也陆续颁布了一系列旨在推动民俗体育旅游发展的政策。2016 年12 月国家旅游局、国家体育总局发布的《关于大力发展体育旅游的指导意见》提出，应支持发展具有地方特色、民族风情特色的传统体育活动，推动特色体育活动与区域旅游项目设计开发。2021 年 12 月 22 日，《关于引发"十四五"旅游业发展规划的通知》指出，"加强文化和旅游业态融合、产品融合、市场融合、服务融合，促进优势互补、形成发展合力"。

党和国家积极提倡发展具有民俗特色的体育旅游产业，国家政策为此提供了坚实的支撑和明确的指导方向。民俗体育旅游作为文化、旅游和体育领域深度融合的产物，正引领着一种新型的休闲时尚。在推广具有特色的民俗体育活动，开启体育旅游的新篇章，进而推动文化的繁荣发展和旅游产业的升级转型上有很大的价值。

2. 民俗体育旅游资源

华夏大地幅员辽阔，地形多样，蕴藏着丰富的旅游资源和独特的文化魅力。在这片广袤的土地上，五十六个民族和睦共处，通过世代相传的劳动与生活实践，绘制出绚烂多彩的民俗体育画卷。蒙古族的赛马、纳西族的七夕节庆典、傣族泼水节的欢腾、苗族飞花带的飘逸，以及满族婚礼中的"抢婚"风俗等，都彰显了各民族独特的传统体育风貌，都是中华民族文化多样性的生动展现，具有极高的旅游开发价值。

此外，各民族的传统体育赛事也是一大看点，如满族的传统民俗运动会、蒙古族的那达慕大会等，均享有盛誉，影响深远。若论及体育健身休闲项目，傣族的打竹宴、藏族的藏戏等活动等，也是颇有一番民族风味，令人流连忘返。

（二）民俗体育旅游发展存在问题

1. 发展理念滞后

我国的民族传统体育运动深深扎根于悠久的传统文化之中，然而，在经济快速发展的浪潮中，体育文化的建设却显得相对滞后。目前，在开发民俗体育旅游产品时，开发者往往只是简单地利用资源，未能充分挖掘其独特的魅力。作为旅游产品，这些民俗体育项目仅仅满足了游客的休闲需求，缺乏系统性的规划和鲜明的主题。在某些地区，产品开发也不见得能充分融合地方特色，宣传力度也不足，导致产品同质化现象严重。此外，也存在过分追求经济收益，忽视对传统文化的保护和民族个性的传承的情况，这就使得体育项目逐渐沦为单一的表演，难以给游客带来新鲜的体验和深刻的感受。民俗体育旅游产品在数量上的盲目扩张，就避免不了会牺牲质量，这使得民俗体育旅游会失去了应有的特色和品位。

2. 服务设施配套不健全

在众多民俗体育旅游项目中，我们常常会发现这些旅游项目总是依赖临时搭建的场地，但这些场地的设施通常非常简陋，对于游客来说有一定的安全隐患，也会影响游客游览体验的质量。此外，有些场地由于长期缺乏养护和管理上的疏忽，逐渐沦为环境恶劣的地方，这样的旅游条件难以满足现代旅游市场的需求。

例如，像打陀螺、蹴球这样的传统体育项目，常常因为场地和设备的匮乏而受到限制。有些项目虽然规模庞大，但却缺乏相应的配套设施；有些项目虽然名声在外，但实际上却很少得到开发。许多景区不仅缺乏完备的服务设施，还缺少专业的管理力量。这使得游客在游览过程中难以获得高质量的服务体验。许多景区在组织大型活动时，往往策划不周全，管理能力有限，这种情况使得当地民众难以融入这些活动中，进一步加剧了民俗体育旅游发展的不平衡与不充分。

3. 市场环境混乱

民俗体育旅游是我国民族传统体育运动项目中最有特色和代表性的一种项目，然而，在西方市场观念的冲击下，这些传统体育项目在市场的竞争中显得力不从心。当前，我国主要通过法律法规与行业准则来规范旅游市场。鉴于民俗体育旅游的特殊性，制定专项法律与政策，强化管理，确立其合法地位，对于保护文化遗产十分重要。为激发民族传统体育的活力，需要出台一系列扶持政策，助力其繁荣发展。

在市场经济浪潮中，民族传统体育资源与市场紧密相连。我们既要善用旅游资源，深化开发与利用；又要深挖内在潜力，实现可持续发展。同时，还要深化民俗体育旅游供给侧改革，通过强化市场监管、提升服务质量等措施，优化产品结构，满足市场需求，为民俗体育旅游注入新的活力与动能。

4. 专业人才缺失

民俗学与旅游学领域专业人才供不应求，民俗体育旅游的开发多依赖于非专职力量，专业人才缺口显著。当前从业者中，众多从业人员对传统技艺与民俗文化精髓知之甚少，且旅游开发实战经验匮乏。我国旅游专业院校对民俗体育旅游课程的设置显得薄弱，且偏向理论讲授，课程体系与教学模式的局限性，导致该领域教育进展迟缓。并且培训机构的规模小、资源有限，从业人员文化素养参差不齐，也进一步阻碍了民俗体育的传承与普及。民俗体育教师的匮乏也是高校教育的一大短板，相关培训机构课程内容设置不尽完善，难以满足社会需求。人才短缺的现状，不仅加剧了推广工作的挑战，也限制了民俗体育旅游业的发展壮大。

二、民俗体育旅游发展策略

（一）建立民俗体育旅游发展机制

1. 创新模式体制改革

民俗传统体育运动项目深受地域环境烙印，蕴含民族风情、文化精髓与历史底蕴，正吸引着越来越多的游客目光。为挖掘这一富含地域特色与历史文化价值的体育项目，我们需巧妙融合少数民族传统运动与现代休闲风尚。首先要做的就是推动体制机制革新，为民俗体育的持续发展注入活力与保障。其次是构建新型人才培养路径，提升从业者专业素养，以强化整个旅游行业的竞争力也是关键的一环。最后是深化资源供给侧改革，确保民俗体育在可持续发展的轨道上稳健前行。

2. 协同合作发展

我国民俗体育旅游的发展壮大是一项错综复杂却极具潜力的系统工程，它呼唤着政府与社会各界的携手并进。在政策蓝图的绘制中，我们需精准对接各部门的现实需求与产业导向，细致考量资金流与人力资源的配置，为民俗体育旅游市场规模的茁壮成长奠定坚实基础。在此基础上，加强跨部门合作，形成强大合力，尤为关键。在民俗体育旅游发展初期，更需紧密携手地方政府，共谋规划、执行与监管的大计。随着项目的深入开发，更需加强与旅游、文化、环保等多部门的联动，确保每一步开发计划都合理合规，既充满活力又不失秩序。同时，与行业协会的紧密合作，也是推动行业标准建立、资源共享的重要一环。

面对我国经济社会的深刻转型，旅游业正由传统的观光模式向休闲度假新境界迈进，产业间的融合日益紧密。因此，我们需积极协调民俗体育旅游企业、各行业及政府、协会之间关系，编织一张共谋发展的网，促进经济社会各领域的和谐共生。主动参与行业规范与标准的制定，拥抱国内外先进理念与管理经验的交流，是我们不断提升自我的必由之路。同时，要注意对民俗体育旅游资源的保护与开发并重，积极与生态环境部门合作，树立绿色发展的旗帜，精心规划非物质文化遗产等宝贵资源的开发路径，确保资源得以永续利用。

当前，我国旅游业正步入结构调整与转型升级的关键阶段，"大旅游"与"大生态"的双轮驱动，将成为引领未来旅游业的新航标。在此背景下，对资源与环境的高标准保护已然成为行业共识。相关部门应深刻认识到民俗体育旅游资源对经济社会发展的正面效应，以更加前瞻性的视角，推动民俗体育旅游业迈向更加健康、可持续的发展道路。

3. 资源供给侧改革

在国家政策驱动下，民俗体育旅游产业迎来崭新篇章。我们需以供给侧改革为重，优化资源配置，为民俗体育旅游铺就宽广发展道路。同时，做好科学开发民俗体育旅游资源的规划，革新管理体制机制，确保其健康可持续发展。此外，加大对民族传统体育运动项目人才的培育力度，全面提升项目竞争力，让民俗体育焕发新的生机与活力。

（二）创新手段，扩大宣传

随着传媒技术的日新月异，民俗体育的传播与推广迎来了前所未有的机遇。借助电视荧屏、互联网平台及广播等媒介的广泛覆盖，民俗体育旅游产品的市场，其影响力显著增强。更进一步来说，可结合新兴科技，即融合 5G 技术、AI 智能与区块链等信息技术手段，策划"民俗体育云体验""民俗体育云展览"等高端旅游品牌，引领民俗体育旅游的消费新趋势，加速其智慧化网络宣传进程。同时，多维度普及民俗体育旅游知识，树立公众对其的正确认知，深挖其文化精髓与开发潜力，都能间接促进点燃民众参与的热情之火。

（三）加强政府积极引导

政府应对民俗体育旅游发展予以一定的重视，通过政策优惠与扶持，为其规模化发展在宏观推行上"保驾护航"。加快体制与机制的创新步伐，为民营企业搭建起繁荣发展的舞台，展现政府作为宏观调控者的智慧与担当。针对民俗体育旅游，一是做好科学规划，从区域总体布局到具体项目细节，均需精心策划，确保项目顺利推进，为文化传承与旅游发展保驾护航。二是鉴于民俗体育旅游的公益属性，资金支持需精准有效，提升民众生活品质与休闲体验，避免过度投入。三是政府需激发民众参与热情，通过教育与引导，增强群众对本土民俗文化的认同感与自豪感，鼓励其积极投身民俗体育旅游服务，共同推动地方文化的传承与发展，让民俗体育旅游成为连接过去与未来的桥梁。

（四）丰富理论，注重实践

我国需要不断积极深化民俗学的理论研究与实践，力求在民俗体育旅游领域开辟新径。这要求我们不仅要洞悉民俗体育旅游的发展脉络与运作机制，还需根据实际需求精心策划，确保民俗体育旅游活动的顺畅进行，推动其在实践中持续完善。我们也需强化理论与实践的深度融合，为民俗体育旅游的蓬勃发展提供坚实的理论支撑与技术保障。

在民俗体育旅游的理论探索中，我们需根植于实践沃土，聚焦于民俗体育旅游活动的实地调研与深入分析，为理论体系的丰富与完善提供鲜活素材。此外，我们应注重民俗文化项目的深入挖掘与科学评估，确保开发工作的准确性与科学性。通过广泛收集资料、细致整理数据，并在充分论证后实施开发，力求将研究成果转化为实际效益。展望未来，我们也应将目光投向那些潜力巨大但尚未得到充分发掘与保护的民族传统活动项目，并进行全面而深入的调研分析，为这些宝贵文化遗产的传承与发展提供更加实际、有效的指导与服务。

（五）完善机制，培养人才

我国民俗体育旅游这一领域一直面临着一个严重的问题，那就是专业人才的极度匮乏及人才培养模式的僵化，这种情况已经成为阻碍该行业蓬勃发展的主要瓶颈。为了打破这一困境，我们必须优化人才培养机制，拓宽人才培养的路径。

第一，我们需要强化人才引进策略，吸引更多的优秀人才投身于民俗体育旅游行业。这可以通过提供更具吸引力的薪酬福利、职业发展前景以及良好的工作环境来实现。第二，我们还应当深化教育培训体系，确保人才培养的质量和效果。通过与高校、职业培训机构合作，我们可以共同打造一批具备深厚专业知识和丰富实践技能的复合型民俗体育旅游人才。第三，实施以老带新、强弱互补的传承计划也是至关重要的。通过让经验丰富的老一辈从业者指导年轻一代，不但可以传承宝贵的经验和技能，还能促进新老从业者之间的交流与合作。第四，定期举办专业讲座、研讨交流会等活动，可以为从业人员提供一个学习新知识、交流新思想的平台，从而全方位提升他们的业务能力和综合素质。

第二节　体育赛事旅游的发展与策略

体育赛事旅游是一种以体育盛事为核心的旅游形式，它不只是游客为了观看比赛而远赴赛地的简单行程，而是一个包含体验全流程活动的复杂过程。这种旅游形式主要根植于各种体育赛事，如奥运会、世界杯、马拉松等，为游客提供了一个独特的旅游体验。体育赛事旅游是体育旅游的一个分支，也是一种将赛事与地域文化深度融合的产物。通过这种旅游形式，游客不仅能欣赏到激动人心的比赛，还能深入了解当地的风土人情、历史文化和自然景观。赛事与地域的深度融合催生了多元化的旅游产品集群，推动了体育产业的发展，也为旅游业带来了新的增长点，成为一种极具潜力的旅游形式。

一、体育赛事旅游的发展

全球旅游趋势揭示，休闲娱乐与健身疗养为目的的旅游成为旅游者选择的主流，在这方面值得一提的是，中国旅游市场未来潜力尤为显著。

除此之外，通过对世界旅游的发展趋势分析可以得知，传统的观光旅游方式发展局限性越来越大，发展和开发的空间已经越来越小，这就需要开辟具有新的主题特色的赛事旅游，并且以此为热点，有效发展体育赛事旅游，要注意突出其鲜明特色，可以是高层次的文化旅游，也可以是有主题特色的赛事旅游，越来越多的国内外游客对此持有高度的期待和评价，这就为体育赛事旅游的发展提供了更加广阔的市场空间。假日经济成为新的经济增长点。体育赛事旅游越来越受人们的欢迎和喜爱，由此可见，其发展前景是非常广阔的。

二、体育赛事旅游的发展策略

体育赛事旅游的未来发展前景是非常广阔的，因此，为了保证其可持续发展，需要采取一系列的策略，具体来说，可以从以下三个方面着手。

（一）积极地给予政策支持，加强市场培育

随着体育旅游市场的不断扩展，这就迫切需要决策者和从业者跨越既有的界限，积极发掘体育资源的潜力，并将全国旅游网络进行有效整合。以此为基础，共同打造体育旅游市场的辉煌未来。旅游部门应加强其职能作用，促进跨部门合作，构建并不断完善体育旅游服务平台，以促进不同产业间的良性互动，共同推动体育与旅游经济的繁荣发展，实现双方共赢的新篇章。

政府及其相关部门应针对体育赛事旅游出台一系列政策，发挥宏观调控的作用，间接促进体育赛事旅游行业的规范化发展，实现市场培育的功能效果。政府要在税收、贷款、免征关税等方面予以政策支持，与此同时，在体育用品企业的直接对外权上也要进一步放宽。要走向国际，国内企业要向国

际市场进行积极主动的出击，不能坐以待毙，具体来说，要将进军市场的方向确定好，找准突破口，这样会起到事半功倍的效果。通过对国际市场的分析可以得知，世界名牌产品的知名度和美誉度已经非常稳定，受众也已经非常广泛，所以国内企业应瞄准国际品牌影响力较弱的国家和地区，积极开拓新兴市场，以增强出口贸易，提升外汇收入，稳步推动国内体育赛事旅游业持续繁荣发展。

（二）建立用人机制并灵活运用

我国体育赛事旅游领域专业人才匮乏，需要各方共同努力拓宽培养路径。一方面，应充分利用体育院校及综合大学体育、旅游专业的资源优势，灵活调整专业设置，确保与市场需求紧密对接。同时，加强经济学、市场学、营销学及法学等人文社科教育，培养既懂体育又懂经营的复合型人才，以满足企业和政府的多元化需求。另一方面，体育产业应深谙名人效应之道，要善于通过明星效应提升产品影响力，并不断创新活动形式以吸引公众关注。企业则需构建完善的人才战略，既要吸引并留住人才，又要营造优越的工作氛围，辅以公平的激励机制，从而有效遏制体育旅游人才的流失现象，为我国体育旅游产业的发展奠定坚实的人才基础。

（三）优化产业结构，提高产品质量

我们有必要积极地吸引和引入来自海外的资本和技术资源。通过这种方式进一步优化体育产业和旅游产业之间的结构和资源配置，这种优化不仅能够为两个产业之间的联合、兼并、重组、改造提供强大的动力支持，还能够有效地推动体育赛事旅游集团股份制公司的建设和发展。在这一过程中，各个企业需要根据自身的特色和优势，努力构建和提升自己的核心竞争力。这样一来，企业才能够在激烈的市场竞争中站稳脚跟，增强自身的抗风险能力。通过科学合理的产业架构和规模优势，企业可以在市场中稳固自己的地位，并在引领整个行业向前发展的过程中发挥关键作用。

第三节　休闲体育旅游的发展与策略

体育休闲旅游，作为体育、休闲与旅游深度融合的创新典范，巧妙融合了体育运动的活力、休闲娱乐的惬意与旅游的多元魅力。它不仅是一种旅游形式，更是以体育运动为载体，追求休闲娱乐为宗旨的生活方式。而今休闲一词泛指闲暇时光中的愉悦活动。体育、休闲与旅游三者相辅相成，共同构筑起这一新兴旅游产品。随着社会的飞速进步，人们的视野日益宽广，对传统观赏性旅游的兴趣逐渐减退，转而对参与性、体验性强的旅游项目展现出浓厚兴趣。同时，"全民健身"与"体育强国"等国家战略的深入实施，极大地推动了我国体育事业的蓬勃发展，使得运动休闲成为一股不可阻挡的社会风尚。人们纷纷投身于各式体育活动中，体验感官的刺激、体质的增强与心灵的慰藉。这一消费趋势的持续升温，有力推动了体育休闲旅游市场的迅猛发展，体育也因此成为推动旅游业繁荣的重要资源和强劲动力。

随着体育休闲旅游领域的蓬勃兴起，我们关注到，相较于国外已趋成熟的体育旅游市场，我国的体育休闲旅游产业尚处于起步阶段，诸多挑战仍待攻克。

首先，在市场保障与规划层面，体育休闲旅游的井喷式发展使得市场与管理机构措手不及，法律框架尚不完善，整体市场规划缺失，相关研究体系也未健全，导致产品定位模糊不清，是将其视为传统旅游的延伸，还是作为独立产业进行战略部署，这一核心问题尚需深入探索。

其次，在产品开发层面略显薄弱，如体育休闲旅游产品种类匮乏，各景区间产品同质化现象严重，缺乏独特的叙事性和文化内涵等都是主观因素，加之市场实践经验的匮乏，产品在可操作性、安全保障及趣味性上均存短板，这无疑削弱了游客的体验感，对产业的长期发展构成阻碍。

再次，人才保障成为掣肘，体育休闲旅游融合体育、休闲与旅游三大领域，对专业人才提出了高标准要求，而当前，兼具体育产业、休闲产业及旅游产业知识的复合型人才稀缺，且缺乏系统的后备人才培养机制。

最后，市场认知度不足也是一大挑战，体育休闲旅游的专业性与高消费门槛限制了其受众范围，市场对其认知尚浅，认知范围有限，尽管增长数据颇为可观，但总量仍显不足，持续加强市场推广，提升产品市场认知度，成为推动该产业发展的关键所在。

一、休闲体育旅游的发展

（一）国外休闲体育旅游发展现状

国外休闲体育旅游的出圈，最早见于欧美发达国家。这些国家经济繁荣、民众生活优渥，随着经济的快速发展与生活品质的显著提升，国民对闲暇时光的利用自然更加讲究，体育旅游作为集锻炼与娱乐于一体的理想方式，逐渐蔚然成风，形成了一个庞大的市场版图。回溯至 19 世纪中叶以后，英国的登山热潮催生了登山俱乐部的成立，开创了体育旅游的新篇章。

在欧美，攀岩、冲浪、滑雪与蹦极等极限运动成为休闲体育旅游的标志，它们完美融合了体育的激情与旅游的惬意，展现了体育产业与旅游产业的深度交融。阿尔卑斯山脉作为全球滑雪爱好者的朝圣之地，其入境滑雪市场十分庞大，占据了世界市场的半壁江山，而西欧的出境滑雪市场更是世界之最，人数突破三千万大关。德国有着"汽车之国"的别称，在面临交通与环境保护的双重压力下，逐渐形成了自行车文化，人们也将其视为绿色出行的典范与休闲生活的新风尚。

在亚洲，体育旅游也展现出蓬勃发展的态势。新加坡是被誉为"花园城市"的国家，其虽自然风光有限，却通过打造高端体育活动吸引了世界游客的目光。F1 新加坡站的成功举办，让新加坡深刻体会到体育赛事与旅游业的结合所能激发的无限潜能与经济活力，从而坚定了其向体育旅游中心发展的决心。2010 年，首届世界休闲体育大会在韩国春川市的举办，来自全球的参赛者共襄盛举，见证了体育与旅游深度融合的辉煌时刻，吸引了近百万的游客到访。

（二）国内休闲体育旅游发展现状

自改革开放以来，我国经济社会持续繁荣，不仅为体育与旅游两大产业的蓬勃发展奠定了坚实基础，也催生了休闲体育旅游这一跨界融合的产物。目前，我国体育旅游产品在旅游市场中的份额仅占约 5%，与国际水平 20% 相比，存在显著差距。这一现状既揭示了我国体育旅游发展的初级阶段特征，也预示着其未来广阔的发展蓝海。

近年来，随着政策环境的不断优化和市场需求的持续增长，我国的休闲体育旅游产业正以前所未有的速度驶入快车道。以 2015 年青岛莱西市举办的第二届世界休闲体育大会为例，这场盛会以"运动休闲，畅享自然"为主题，不仅展示了青岛作为滨海旅游城市的独特魅力，也彰显了我国休闲体育旅游产业的蓬勃生机。青岛凭借其强大的经济实力、深厚的休闲文化底蕴以及丰富的体育赛事举办经验，成功吸引了全球 90 多个国家的运动员参与。大会期间，丰富多彩的比赛项目、精彩纷呈的休闲产品博览会及引人入胜的美食节等活动，共吸引了超过 100 万人次的参与，极大地推动了当地旅游业的繁荣发展。

在"健康中国"战略的引领下，体育与旅游的深度融合已成为不可逆转的时代潮流。体育旅游作为旅游业高质量发展的新引擎，正逐步成为推动我国经济社会发展的新动力。据统计，2021 年上半年，"体育旅游"的搜索热度较去年同期飙升了 115%，其中华南和华东地区的热度增长尤为显著，分别达到 36% 和 25%。这一数据不仅反映了体育旅游市场的持续升温，也预示着我国体育旅游产业的无限可能。随着人们对健康的重视程度空前提高，体育旅游成为越来越多人追求健康生活方式的首选。海南省和广东省作为华南地区的代表，其体育消费的高涨热情更是为全国树立了榜样。同时，休闲体育在体育产业中的地位也日益凸显。根据发达国家的数据和经验，休闲体育服务业的产值往往占据体育产业总规模的大头，占比高达 60%～70%。而我国居民人均健身休闲消费支出的快速增长，也进一步印证了休闲体育在我国体育产业中的重要作用。我国休闲体育发展迅猛，呈现出以下特点。第一，体育休闲旅游的主要内容是休闲体育，旅游者从事休闲体育活动的主要动机是参与和观赏。第二，体育休闲旅游能够使旅游者身心愉悦，使其身体与精神的需求得到满足，这主要是因为旅游者在旅游过程中对异地的旅游资源及文化资源等会产生深刻的感受与体验。第三，体育休闲旅游是休闲旅游和体育旅游的重要组成部分，这一旅游形式在调节身心、愉悦身心、满足身心需求等方面发挥着重要的作用，旅游者在旅游过程中的身心活动基本是积极的。

体育休闲旅游融合了体育与旅游的功能，为游客提供独特的体验。在追寻自然美景与人文底蕴的同时，参与者能亲身投入各类体育活动，享受健康与乐趣的双重馈赠。"体育+旅游"的创新模式极大地丰富了旅游市场的产品线，精准对接了现代游客的多样化休闲需求。当前，我国体育休闲旅游热潮涌动，据同程旅行《2022"十一"假期旅行趋势报告》显示，户外休闲旅行线上搜索激增 150% 以上，热门露营地和产品供不应求，飞盘、桨板等新兴运动成为年轻人新宠。这一系列迹象表明，户外休闲体育项目正迅速崛起，引领大众出游新风尚。高品质短途周边游也依托休闲体育活力发展成为旅行新趋势，塑造旅游市场的新格局，成为推动旅游业复苏与繁荣的关键力量。

二、休闲体育旅游的发展策略

（一）旅游产品创新

随着城市化进程的不断加速，休闲体育旅游逐渐受到人们更多的关注。为迎合这股热潮，旅游产品的创新成为行业发展的关键驱动力。

旅游产品创新要求应该从多维度出发，包括景区、景点、行程规划及活动设计等，进行全面革新。通过开发创意无限的旅游产品，我们能够实现增强旅游的吸引力与竞争力的效果，既丰富民众的旅行体验，也为旅游业界开辟经济新增长点。具体来说，需不断创新景区与景点的产品供给，提供个性化、灵活多变的选项，吸引广大游客。同时，应积极打造多元化旅游活动，可以融合体育竞技、文化体验、亲子互动等元素，全方位满足游客的多样化需求，让旅游产品焕发新活力。

（二）市场营销策略创新

在当前休闲体育旅游市场的竞争日益激烈的情况下，企业迫切需要更新和改进市场营销策略，以便在众多竞争对手中脱颖而出。市场营销策略创新包括四个关键的核心要素：产品创新、价格创新、渠道创新、促销创新。

首先，产品创新是至关重要的，企业必须紧跟时代的步伐，紧密关注消费者的需求变化，确保产品能够精准地满足市场的期望。其次，价格创新需要具备灵活性，能够根据市场的实时动态进行调整，以适应不断变化的消费者心理和购买力。再者，渠道创新也至关重要，企业应充分利用互联网技术，深度挖掘其潜力，以最大化渠道的效能和覆盖面。最后，促销创新要求必须精准地分析市场情况，通过个性化营销策略，强化品牌影响力，从而吸引并留住更多的消费者。

随着人工智能技术的飞速发展，市场营销策略正逐步迈向数字化和智能化的新时代。企业可以借助大数据分析工具，深入洞察消费者的偏好和行为模式，从而更好地理解市场需求。通过运用智能营销，如个性化推荐系统，企业能够为不同的消费者量身定制产品和促销方案，从而有效提升销售业绩和增强顾客的忠诚度。这种基于数据驱动的营销策略，不但能够提高营销活动的效率，还能为消费者带来更加精准和个性化的体验，进一步巩固企业在市场中的竞争优势。

（三）公共设施和运营管理创新

当前，推动休闲体育旅游发展的关键路径之一，在于创新城市公共设施与运营管理体系。这就要求不仅需扩增城市公共设施数量，更需引入多元化、创新型的设施。例如，增设便捷自行车道与智能公共停车区，以丰富游客的城市体育探索之旅；翻新城市公园绿地与广场的运动设施，激发民众参与休闲体育运动的热情。除此之外，安全是旅游体验的基石，因此，安全设施的升级也不容忽视。

在城市运营管理层面，我们应拥抱数字化、智能化转型，满足游客的高效服务的多元化需求。政府在此过程中需扮演引导者的角色，通过政策扶持与激励，激发企业与民间组织的活力，共同构建完善的休闲体育旅游生态。顶层设计的加强，则是确保这一目标顺利实现的重要保障。

第四节　体育康养旅游的发展与策略

休闲康养旅游深度融合休闲体育与康养旅游理念，是当下一种新型旅游范式。休闲康养旅游巧妙融合旅游与养生，旨在通过多进行愉悦身心的活动来促进健康。它不仅是体育旅游产业的优化升级，也是生态旅游的高端形态之一。体育康养旅游以养生为核心，融合旅游乐趣与养生智慧，实现了体育资源与养生活动的联结。

一、体育康养旅游的发展

自 1857 年英国"登山俱乐部"成立以来，国际体育旅游领域已历经一个半世纪的发展历程。20 世纪下半叶，旅游业的蓬勃兴起与体育运动的普及，催生了欧美国家体育旅游的繁荣。诸如高山滑雪、徒步登山、海滨旅游、攀岩、漂流、探险等活动，均完美融合了体育与旅游这两种形式。瑞士的达沃斯小镇，依傍阿尔卑斯山脉，凭借得天独厚的自然条件，四季不息地举办着丰富多彩的体育活动，是举世闻名的体育旅游胜地。

我国体育旅游的产业化发展自 20 世纪 80 年代"中国国际体育旅游公

司"成立，至今也有 40 多年历史。依托当地的天然资源和地域优势，东北三省开发了冰雪运动类旅游体验活动；杭州市富阳区打造了全国第一座"休闲运动城"，北京市打造了"奥林匹克主题公园"；国内各省打造了各具特色的体育赛事，如上海网球大师赛、上海 F1 赛车、厦门国际马拉松、无锡环太湖自行车赛事等，都是以体育为核心吸引物开发的旅游项目，也是三种最常见的体育旅游业态。国内很多省市也把发展体育旅游作为拉动当地经济增长的新动力，如河北省张家口市崇礼县（现为崇礼区）最初被列为国家级的贫困县，但在短短十余年时间里，在建设中国雪都的目标引领下，崇礼县的领导和居民们充分认识到生态旅游业的巨大潜力和活力，将其视为最具希望的朝阳产业来培育和发展。他们不遗余力地投入资源和精力，使得崇礼县的旅游业得到了飞速的发展。崇礼县的冰雪体育旅游项目不仅吸引了大量的游客，还为当地居民提供了大量的就业机会，极大地改善了他们的生活条件。通过这些项目的实施，崇礼县的经济得到了显著的提升，人民的生活水平也得到了极大的改善。崇礼县的努力和成就得到了广泛的认可和赞誉。他们先后被授予"首批河北省旅游强县""中国县域旅游之星十强"等荣誉称号，此外，"崇礼滑雪"项目也两次被评为"中国体育旅游精品项目"，逐渐发展为享誉国内外的知名品牌。

二、体育康养旅游的发展策略

（一）科学培育服务市场，大力培养创新复合型人才

在体育与康养旅游融合发展的具体实践中，我们必须注意精心构建体育休闲与康养旅游供需两端的精准对接机制。相关机构需派遣资深的专业人员深入市场腹地，通过多元化渠道开展详尽的调研与分析，精准捕捉消费者对体育休闲康养旅游服务的多元化需求与期望。基于这些洞察，我们才能不断创新服务模式与内容，量身定制符合消费者偏好的体育康养旅游产品，以满足其日益增长的个性化消费需求。

鉴于体育休闲康养旅游产业的广泛性与复杂性，涉及多个行业与领域，地方政府积极扮演市场引领者的角色，做好市场的协调、组织与监管工作，搭建高效、先进的体育休闲康养服务平台，促进信息资源的实时共享与流通，激活体育与康养旅游两大产业的潜在优势，共同推动体育康养旅游产业平稳发展。

同时，政府应引导高校与企业深化合作，共同培育体育休闲康养旅游领域的专业人才。强化理论与实践的紧密结合，学生不仅能扎实掌握康养服务知识，还能灵活运用体育运动技能，成为该领域的复合型人才。为进一步推动体育与康养旅游的深度融合，我们需特别关注中老年人群的需求，利用大数据、云计算等前沿技术，构建专业、全面的产业链服务平台，为不同年龄层的受众提供定制化、专业化的服务，共同创造体育与康养旅游融合发展的新高度。

（二）优化产业结构，合理应用高新技术

体育与康养旅游融合产业作为一种新兴的经济形态，必须突破传统产业发展与管理的思维定式，致力于科学地发展综合服务业，明确其市场定位和发展目标，创造更丰富的产业链价值，以提升产业的附加值，从而推动体育休闲康养旅游产业的快速稳定的发展。在体育与康养旅游的融合发展中，各地方政府应承担起市场协调与组织的职责，引导当地企业深入开发和利用具有本地特色的体育与康养旅游资源，创新设计具有地方特色的体育康养旅游产品，以形成具有竞争力的品牌效应。例如，湖北省十堰市可以充分利用当地武当山的传统太极拳优势，打造具有特色的体育项目服务，并将其融入当地康养旅游产业的融合发展中。武当太极拳作为一种集武术与养生于一体的精妙传统拳法，深受中老年人群的青睐和推崇。

此外，技术创新也是产业腾飞的翅膀。各城市应积极拥抱高新技术，如VR、AR等前沿科技，它们能为体育康养旅游披上智能外衣，让游客在沉浸式体验中，享受人机交互的乐趣，深化对体育与康养知识的理解与体验。这样不仅有助于打破传统模式的桎梏，更能为产业注入个性化发展的活力，引领体育康养旅游发展迈向更加辉煌的未来。

（三）构建完善金融服务体系，创新产业管理模式

体育休闲与康养旅游产业的发展建设，离不开坚实的资金支撑。因此，国家应及时构建全面而高效的体育康养旅游金融服务体系，拓宽产业融资渠道，为产业注入活力。政府应精准对接产业现状与需求，量身定制扶持与激励政策，特别是对中小企业，应提供适合其融资的信贷方案，确保其资金供给能满足企业发展需要，进而伴随中小企业的发展壮大推动产业升级。地方政府也要做到引领金融机构深入开展普惠金融活动，积极响应体育康养旅游企业的融资需求，盘活社会资金资源，鼓励企业创新，丰富体育康养旅游产品供给。此外，完善体育康养产业的法律法规框架也不可或缺，需强化顶层设计，确保产业有序发展。政府应制订统一市场管理标准，汲取国际先进管理经验，结合国情创新管理模式，提升企业管理效率，为体育与康养旅游的深度融合奠定坚实的体制机制基础，共筑产业发展的美好未来。

第五节　红色体育旅游的发展与策略

红色体育旅游是富有中国特色的一种旅游形式，因此在促进红色体育旅游发展的过程中要充分结合我国的国情和特色进行，可以采取以下对策促进我国红色体育旅游的高质量发展。

一、红色体育旅游的发展

体育旅游产业是一个充满活力的、环保的、健康的新兴产业，已经在全球范围内获得了广泛的认可，并以一种迅猛的势头繁荣发展。近年来，为了进一步推动我国体育产业的创新和可持续发展，国务院及其相关部门陆续推

出了一系列具有指导性的政策文件。具体来说，2014 年国务院发布了《关于加快发展体育产业促进体育消费的若干意见》，这一文件为体育产业的发展指明了方向，并提出了具体的目标和措施。紧接着，在 2019 年，国务院办公厅又发布了《关于促进全民健身和体育消费推动体育产业高质量发展的意见》，进一步强调了体育产业在国民经济中的重要地位，并明确要求不断激发市场活力和热情，以期将体育产业打造成为我国国民经济的支柱性产业之一。这些政策的出台，为体育产业的发展提供了强有力的政策支持，并也为相关企业和投资者提供了明确的发展方向和广阔的发展空间。以文塑旅、以旅彰文，推进文化和旅游深度融合发展，已成为新时期文化和旅游产业相互赋能的重要手段。

2023 年初，《质量强国建设纲要》发布，其明确指出强化旅游管理和服务水平，净化旅游市场环境，提升旅游消费满意度，并着重打造乡村旅游、健康旅游及红色旅游等特色精品线路。此举不仅彰显了红色体育旅游受到政策扶持，也切实反映在市场上红色体育旅游的的确确收获了公众的喜爱。在新时代背景下，红色旅游与体育旅游的深度融合为旅游资源的开发指明方向，这是满足人民对美好生活向往的实际行动，也是发挥革命老区历史遗产教育价值，推动革命老区经济腾飞的关键举措。

二、红色体育旅游的发展策略

（一）以红色资源保护为先导

促进我国红色体育旅游的发展，首先就要做好必要的红色文化保护工作，然后在此基础上促进红色文化的传承。总体而言，要做好以下三个方面的工作。

（1）做好充分的调查研究工作，命名各项革命遗址，划定遗址保护范围，完善地方基础设施建设。

（2）做好文物保护单位和爱国主义教育基地的申报工作。

（3）结合具体实际积极抢修和保护那些损毁严重或已被拆除的重要遗址。

（二）深度挖掘红色文化内涵

（1）收集和整理红色文化的相关资料，深入挖掘红色文化内涵，加强红色文化的宣传与推广，增强红色文化的吸引力。

（2）作为红色体育旅游的经营人员，要积极开发整合各地的红色资源，共同开拓"红色市场"，全面提升红色旅游的影响力，打造富有特色的红色体育旅游文化品牌。

（3）加大对外开放力度，加大对红色文化的营销宣传，形成独具特色和吸引力的"红色文化形象"，提升红色体育旅游的影响力。

（三）加强红色旅游品牌建设

为促进红色体育旅游产业的发展，我们可以策划和建设与红色主题相关的人文环境，全力打造红色旅游新品牌。具体而言，要把握以下三个方面。

（1）积极开发各种各样的红色旅游产品，实施品牌引领战略，走红色体育旅游的品牌化道路，不断提高品牌的影响力。

（2）积极开发与弘扬地方特色红色体育旅游文化，尤其是重点发展那些高品位、具有高附加值的红色文化旅游项目。

（3）加强红色体育旅游文化的扶持力度，积极推动红色文化与旅游业的互动发展，促进红色体育旅游文化的品牌化建设。

（四）结合体验元素深度开发红色旅游产品

（1）合理设计景区的解说内容，与游客进行密切的互动，提高趣味性，这样能极大地吸引人们的参与。

（2）通过多媒体技术将静态展示转为动态展示，让游客身临其境。

（3）举办各种展览活动，并聘请史学专家，不断收集红军的史实和传奇故事，充实红色文化资料，为红色体育旅游活动的开展奠定良好的基础。

（4）推出各种形式的实景表演，向游客们实景再现红色文化历史，让人们得到爱国主义教育。

（5）积极策划富有趣味性和体验性的红色体育旅游项目，如通过角色扮演让人们感受当时历史的真实场景。

（6）可以邀请一些著名导演以红色历史事件为背景，拍摄电影电视作品，利用各种传媒手段加强红色体育旅游文化的宣传与推广。

参考文献

[1] 李友良，熊玉珺. 体育旅游项目策划与管理研究 [M]. 长春：吉林人民出版社，2023.

[2] 邓广山，陶科. 康养旅游发展实践探索 [M]. 成都：西南交通大学出版社，2023.

[3] 陈远莉. 体育旅游定制发展研究 [M]. 成都：西南财经大学出版社，2020.

[4] 王定航. 体育旅游开发及可持续发展研究 [M]. 北京：新华出版社，2019.

[5] 张兆龙. 中国边境体育旅游开发模式研究 [M]. 北京：新华出版社，2018.

[6] 段红艳. 体育旅游项目策划与管理 [M]. 武汉：华中师范大学出版社，2017.

[7] 张兆龙. 中国边境体育旅游开发模式研究 [M]. 北京：新华出版社，2018.

[8] 王玉珍. 中国体育旅游产业竞争力研究[M]. 北京：新华出版社，2015.

[9] 张延嘉. 冰雪文化对促进冰雪体育产业发展的研究 [M]. 哈尔滨：黑龙江人民出版社，2019.

[10] 李菲. 我国体育旅游的相关理论分析与发展研究 [M]. 北京：中国原

子能出版社，2018.

[11] 罗赣，何选润，盘劲呈. 文商旅体融合发展助力"贵阳贵安"世界级旅游城市建设研究［J］. 贵州师范学院学报，2024，40（7）：70-77.

[12] 毛永革，毛佳卉. 体育旅游赋能环青海湖地区扶贫感知效应评价［J］. 湖北农业科学，2024，63（7）：231-238.

[13] 刘书云. 体旅融合背景下毕节市本科院校体育英语人才培养现状和对策［J］. 西部素质教育，2024，10（14）：81-84.

[14] 张帆. 城市生态体育旅游可持续发展策略研究［J］. 经济研究导刊，2024（14）：43-47.

[15] 王雨晴. 三大体系中体育旅游的三大困境及发展进路［J］. 当代体育科技，2024，14（21）：174-177.

[16] 刘昌亮，卢晶晶. 新发展格局下广西体育产业高质量发展的战略价值、现实问题与实践路径［J］. 当代体育科技，2024，14（21）：93-96.

[17] 杨春华，杨萧，李丽，等. 中华民族共同体意识视域下少数民族体育发展的路径研究［J］. 天津体育学院学报，2024，39（4）：464-470.

[18] 丛荣，蒋全虎，康博舒，等. 村落体育空间助力乡村振兴思考［J］. 体育文化导刊，2024（7）：16-23.

[19] 张勇，周道平. 民族地区特色体育产业发展研究——以湖南省湘西土家族苗族自治州为例［J］. 体育文化导刊，2024（7）：103-110.

[20] 陈春华. 龙舟文化融入乡村振兴战略：民族传统体育传承与发展研究［J］. 文体用品与科技，2024（14）：1-3.

[21] 胡翔飞. 南京市文化体育旅游发展研究［D］. 桂林：广西师范大学，2023.

[22] 程茂滕. 数字经济驱动体育旅游产业高质量发展的作用机理与实证检验［D］. 太原：山西财经大学，2023.

[23] 郑丹璇. 基于 RMP 的三亚藤海社区滨海体育旅游开发研究［D］. 三亚：海南热带海洋学院，2023.

［24］张雪儿．乡村振兴背景下山西乡村体育旅游业服务质量评价及提升对策［D］．太原：山西财经大学，2023.

［25］卢昕．国家体育旅游示范基地发展路径研究［D］．南宁：广西民族大学，2023.

［26］赵大鹏．云南省户外运动旅游开发研究［D］．昆明：云南师范大学，2023.

［27］肖涛涛．生态文明视域下昆明市体育旅游资源空间布局与开发策略研究［D］．昆明：云南师范大学，2023.

［28］邬小玲．重庆市体育产业与文化、旅游产业融合水平及影响因素研究［D］．成都：成都体育学院，2023.

［29］赖梦杨．福建省体育产业与旅游产业融合发展研究［D］．济南：山东财经大学，2023.

［30］吴梦柯．乡村振兴背景下湖北省体育产业与旅游产业融合机制与融合水平研究［D］．武汉：湖北大学，2023.